마음속 악마를 읽다

일러두기

1. 본문에 나오는 주요 개념인 '다크 트라이어드(Dark Triad)'는 국내에서 '어둠의 3요소' '어둠의 삼각형' '어둠의 삼위일체' 등 다양하게 사용하는데, 이 책에서는 '어둠의 3요소'로 번역했습니다.
2. 이 책의 원서는 2025년 일본에서 출간되었으며, 일본 현지의 실정이 어느 정도 포함되어 있습니다.
3. 이 책에 자주 언급되는 『체인소 맨』과 『원피스』는 코믹스 단행본을 뜻합니다.

인간의 심연을 이해하는
다크 트라이어드 심리학

마음속 악마를 읽다

기이레 사토루 지음 | 이미정 옮김

시그마북스
Sigma Books

마음속 악마를 읽다

발행일 2026년 1월 2일 초판 1쇄 발행
지은이 기이레 사토루
옮긴이 이미정
발행인 강학경
발행처 시그마북스
마케팅 정제용
에디터 최연정, 최윤정, 양수진
디자인 정민애, 강경희, 김문배

등록번호 제10-965호
주소 서울특별시 영등포구 양평로 22길 21 선유도코오롱디지털타워 A402호
전자우편 sigmabooks@spress.co.kr
홈페이지 http://www.sigmabooks.co.kr
전화 (02) 2062-5288~9
팩시밀리 (02) 323-4197
ISBN 979-11-6862-433-7 (03180)

KOKORO NO NAKA NO AKUMA SHAKAITEKI NI NOZOMASHIKU NAI SEISHITSU NO KENKYU
by Satoru Kiire
Copyright © Satoru Kiire 2025
All rights reserved.
Original Japanese edition published by FOREST Publishing Co., Ltd., Tokyo.
Korean Translation Copyright © 2026 by Sigma Books

This Korean language edition is published by arrangement with FOREST Publishing Co., Ltd., Tokyo in care of Tuttle-Mori Agency, Inc., Tokyo, through Sienna Jo Agency, Korea.

이 책의 한국어판 저작권은 시에나조에이전시를 통한 FOREST Publishing Co., Ltd.와의 독점계약으로 시그마북스에 있습니다. 저작권법에 의해 한국 내에서 보호를 받는 저작물이므로 무단 전재와 무단 복제를 금합니다.

파본은 구매하신 서점에서 교환해드립니다.

* **시그마북스**는 (주)**시그마프레스**의 단행본 브랜드입니다.

들어가며

더 풍요로운 삶을 위해,
내면의 어두운 마음을 들여다보다

성희롱, 직장 내 괴롭힘, 배신, 거짓말, 마운팅(mounting, 자신의 우월함을 과시하여 상대보다 우위에 서려는 언행-옮긴이)… 우리는 인간관계를 통해 여러 가지 불쾌함을 겪기도 하고, 어쩌면 가하고 있을지도 모른다.

 믿었던 친구가 사실은 적이었다거나 동고동락해왔던 동료가 아무렇지도 않게 자신을 내치는 일은 비단 드라마나 만화 속 이야기가 아니다. 오히려 여러분도 이미 여러 차례 경험해왔던 사실이지 않을까.

 어쩌면 본인이 그랬을지도 모른다. 친한 척 접근해서 정보만 쏙 캐낸 후 내치고, 오랜 시간 친분을 유지하던 사이라도 쓸모가 없어지면 어떠한 동정이나 주저함 없이 상대방과의 관계를 끊으며

들어가며

살아왔을지도 모른다.

세상에 어두운 인간관계가 없으면 좋으련만, 생각처럼 간단하지만은 않다. 그렇다면 적어도 어두운 문제를 일으키기 쉬운 사람을 미리 알아채거나 자신의 어두운 행동을 제어하도록 자각할 수 있다면, 지금보다 조금은 풍요로운 마음으로 살아갈 수 있을 것이다.

어두운 인간관계나 행동이 일어나는 요인에는 그때의 상황이나 관계성 등 다양한 것을 들 수 있겠지만, 그 사람의 개인적인 특징, 즉 성격(이 책에서는 '퍼스낼리티'로 표기한다[1])도 커다란 요인 중 하나라고 할 수 있다.

인간관계나 사회에서의 부정적인 측면과 그것과 관련된 퍼스낼리티 연구는 심리학 일대의 주제이며, 지금껏 다양한 방면에서 연구가 진행되었었다. 어떤 사람이 불안에 빠지기 쉬운지, 무기력해지기 쉬운지, 화내기 쉬운지, 감정을 억누르기 쉬운지 등에 대해서 말이다.

---

[1] 퍼스낼리티(personality)는 '성격', '인격' 등을 의미한다. 하지만 이 말들은 일본에서 '성격이 좋다', '인격자' 등 가치나 선악이 부여되기도 한다. 퍼스낼리티는 본래 개인차가 있는 특징을 나타내는 것으로 그 이상도 이하도 아니다. 신장이나 체중 그 자체는 가치나 선악(좋다/나쁘다)과는 관계가 없다는 말과 같다는 뜻이다. 또한 심리의 개인차는 성격뿐만 아니라 태도나 가치관, 사고방식 등 눈에 보이지 않는 마음의 움직임 전반에 생긴다. 이러한 개인의 심리적인 특징을 포괄적으로 퍼스낼리티라고 칭하기도 한다. 따라서 이 책에서도 퍼스낼리티라는 말을 사용하고자 한다.

하지만 그중에서도 조금 전 언급한 어두운 인간관계를 형성하기 쉽거나 사회적인 문제 행동이나 사람들에게 피해를 주는 행위를 벌이기 쉬운 사람의 공통적인 특징으로서 세 가지 퍼스낼리티가 주목을 받고 있다. 그리고 그 세 가지 퍼스낼리티를 종합하여 어둠의 3요소(혹은 '어둠의 삼각형'), 즉 다크 트라이어드(Dark Triad)로 부르며 포괄적 연구가 활발하게 진행된 것은 2010년대 이후로서, 비교적 최근 일이다.

각 퍼스낼리티에 대해서는 개별적으로 꾸준히 연구해왔지만, 어둠의 3요소라는 형태로 세 가지 퍼스낼리티나 그 공통점 혹은 차이점에 주목하자 어두운 인간관계나 사회적 문제 행동·민폐 행위를 어떤 사람이, 왜 행동하는지 등에 대해 더 구체적으로 알게 되었고, 그에 따른 새로운 발견이 생겨났다. 즉 이러한 어둠의 3요소라는 개념이 다양한 문제를 해결하는 실마리가 될 수 있다는 말이다.

이 책에서는 이러한 현상에 착안하여 현재진행형으로 활발하게 진행되고 있는 최신 연구 주제 중 하나인 '어둠의 3요소'와 그 심리·행동 패턴과의 관련성을 소개하고자 한다. 학술적으로 명백히 밝혀진 내용을 문헌으로 이해하기란 전문가가 아닌 이상 여간 어려운 일이 아니다. 그래서 이 책을 통해 가능한 한 그러한

> 들어가며

연구 지식을 간단하고 알기 쉽게 소개하고, 독자 여러분의 삶에 조금이라도 도움이 되길 바란다.

나 역시 어둠의 3요소 연구를 통해 의도치 않게 자기 이해가 진전되었다.

내가 어둠의 3요소라는 주제에 뛰어든 것은 2014년 전후로, 당시 대학원생이었다. 어둠의 3요소에 관한 연구도 여명기부터 전성기에 이를 정도의 시기라고 할 수 있다. 나중에 커밍아웃할 예정이지만, 나 자신도 어둠의 3요소 경향이 높은 편이다. 그에 따른 문제도 일으켜왔는데, 분명 이제껏 나 자신도 알아채지 못한 문제 행동들도 있을 것이다. 하지만 어둠의 3요소에 관한 연구를 10년이나 계속하자 좋은 모습이든 나쁜 모습이든 내 스스로와 마주할 수 있게 되었다. 그리고 적어도 나 자신을 의도적으로 제어할 수 있게 되었으며, 이전보다 더 풍요로운 생활을 보낼 수 있게 되었다고 생각한다. 남의 모습(을 통한 발견)으로 자신의 모습을 고치게 되었다고 할 수 있다.

도입부부터 두서없는 이야기를 늘어놓았지만, 아무쪼록 이 책을 읽으며 객관적인 시점으로 자기 자신이나 인간관계를 다시 살펴볼 수 있는 계기가 되길 바란다. 바꿔 말하면 자신의 내면을 바꾸거나 그것을 위한 시스템을 구축하려면, 다른 전문가나 조직의 도움이 필요하게 된다.

  이 책에서는 선과 악, '○○해야 한다' 등은 언급하지 않고 사실과 관점을 전달하는 데 주안점을 두고자 한다.

차 례

들어가며 더 풍요로운 삶을 위해, 내면의 어두운 마음을 들여다보다 **006**

어둠의 3요소란?

사회나 대인관계에서 문제를 일으키기 쉬운 퍼스낼리티 **020**

목적을 달성하기 위해서라면 수단 방법을 가리지 않는다
- 마키아벨리즘의 특성 **023**

언제나 자신이 주인공이라는 감각 - 나르시시즘의 특성 **026**

앞뒤를 생각하지 않고 무책임하게 자극을 추구한다
- 사이코패시의 특성 **030**

사이코패시의 두 가지 요소와 반사회성 퍼스낼리티 **034**

2002년부터 시작된, 어둠의 3요소 **038**

어둠의 3요소를 향한 의문 **043**

누구나 어둠의 3요소 특성을 가지고 있을까? **045**

사회적 문제를 일으킬 우려가 있는 어둠의 3요소 수준은? **049**

어둠의 3요소 특성은 타고나는 것일까?
아니면 환경에 따라 변화하는 것일까? **051**

행동유전학 세 가지 법칙에서 본, 세 가지 특성 **054**

어둠의 3요소라는 개념을 알아둘 때의 장점 **058**

제2장

3인의 악마와 가면 속 얼굴

리더의 위치에 올라가는 사람이 많다 - 나르시시스트의 장단점 **065**

성공하기 쉽고, 연봉이 높다? - 나르시시스트의 장단점 **067**

관련성의 초콜릿 케이크 이론 - 나르시시스트의 장단점 **068**

'나르시시즘 악마'의 민낯 **069**

나르시시즘이 강한 대표적인 캐릭터 **070**

리더가 되기에는 유리하지만… - 마키아벨리안의 장단점 **072**

마키아벨리안이 사회에서 올바른 행동을 취하는 상황
- 마키아벨리안의 장단점 **075**

당근과 채찍을 적절하게 활용하는 조종 전략
- 마키아벨리안의 장단점 **078**

마키아벨리즘이 강한 대표적인 캐릭터 **079**

'마키아벨리즘 악마'의 민낯 **080**

삶의 괴로움을 느끼지 못한다 - 사이코패스의 장단점 **082**

스포츠에서 발휘되는 사이코패시 - 사이코패스의 장단점 **082**

성공한 사이코패스, 스티브 잡스 - 사이코패스의 장단점 **084**

두려움을 모르면 성공한다? - 사이코패스의 장단점 **086**

혁신적인 대통령은 사이코패스? - 사이코패스의 장단점 **088**

영웅과 범죄자는 종이 한 장 차이? - 사이코패스의 장단점 089

사이코패시가 강한 대표적인 캐릭터 092

'사이코패시 악마'의 민낯 093

인간관계를 중시하는 나르시시스트 094

가장 인기가 많은 어둠의 퍼스낼리티는? 100

마키아벨리즘·사이코패시보다
나르시시즘이 좋은 퍼스낼리티일까? 103

마키아벨리안은 흐린 날에 능력을 발휘한다 105

악마들이 합체된 하나의 악마, 어둠의 3요소

나르시시즘 → 자기애성 인격장애? 110

사이코패시 → 반사회성 인격장애? 112

마키아벨리즘 → 편집성 인격장애? 113

어둠의 3요소와 IQ의 상관관계 115

리더십도 퍼스낼리티에 따라 다르다 118

파트너 선택 기준이 낮은 어두운 사람들 121

뺏고 뺏기는 것이 특징인 파트너 관계 123
성욕이 강하기 때문일까?
아니면 폭력으로서의 행위일까? 126
강간 통념을 믿는 어둠의 3요소 127
진화론의 관점에서 본 해석 131
기만적 시그널링 - HSP를 어필하기 쉽다고? 136
미덕&피해자 시그널링에 속지 마라 142

네 번째 악마, 사디즘에 대해서

사회에서 기피되는 또 하나의 성향 150
일상적 사디즘이 긍정적인 효과를
가져오기도 한다 155
마조히즘이 높은 사람은 사디즘도 높을까? 156

'사디즘 악마'의 민낯 157

사디즘이 강한 대표적인 캐릭터 160
다섯 번째 악마? 스파이트의 정체 161

제5장

자기 자신과 타인 내면의 악마를 파악하는 방법

SNS상에서 보게 되는 어둠의 3요소 166

아무렇지도 않게 거짓말하는 사람은
어둠의 3요소 성향도 높을까? 169

각 퍼스낼리티에 따라 거짓말 양상이 다르다 173

갑질이나 정신적 폭력을 가하는 사람은
어둠의 3요소 성향이 높을까? 177

남녀 모두 낮은 페미니즘 & 미소지니 180

샤덴프로이데, 심각한 불행을 통해서는
나타나지 않는다 183

어둠의 3요소가 선호하는 직업? 185

어둠의 3요소 성향이 높은 것은 학대 탓? 191

진짜로 피해자일까?
애초에 피해자 의식을 갖기 쉬운 것일까? 197

제6장

마음속 악마를 길들이는 법

내면의 어둠의 3요소 성향을 알아내려면? 202

인터넷상에 있는 어둠의 3요소 테스트를 신뢰해도 될까? 204

어둠의 3요소 테스트는 어떠한 방면에서 실시되고 있을까? 208

그 외의 어둠의 3요소 측정척도 211

자기 내면의 어둠의 3요소 특성을
자각하여 조절할 수 있을까? 214

어둠의 3요소 특성이 강한 사람은 자신의 성격을
어떻게 인식하고 있을까? 218

어둠의 3요소가 낮은 사람도 살아가기 힘들까? 220

나가며 다른 의미로 말이 와전되지 않길 바라며 **224**
참고·인용 문헌 228

제1장

어둠의 3요소란?

사회나 대인관계에서
문제를 일으키기 쉬운 퍼스낼리티

우리에게 '다크'라는 말은 익숙하지만, '트라이어드'는 다소 생소하게 느껴질지도 모른다. 영어로는 'Triad'라고 하는데, '3'을 뜻하는 접두사 'Tri'가 들어가는 트라이앵글(Triangle)처럼 '3인조', '삼각형' 등을 의미한다.

여기에 다크라는 말을 합치면 다크 트라이어드(Dark Triad), 즉 어둠의 3요소가 된다. 사춘기 청소년들의 호기심을 자극할 법한 다소 유치한 용어일 수 있는데, 의미는 단순하다. 다크 트라이어드(Dark Triad), 즉 어둠의 3요소란 마키아벨리즘, 나르시시즘, 사이코패시로 이루어진 어두운 성격 유형의 세 가지 요소를 말하며, 다양한 분야에서 연구가 진행되고 있다.

본래 연구란 '좋다/나쁘다'의 가치 판단과는 다른 차원에서 진행된다. '좋다/나쁘다'의 판단은 '좋아하다/싫어하다'와 마찬가지로 주관적인 평가다. 하지만 연구는 객관성을 담보로 해야 한다. 따라서 퍼스낼리티를 연구할 때는 '○○한 사람은 성격이 좋다', '△△한 사람은 성격이 나쁘다'라는 판단이 아닌, '○○한 사람은 □□한 경향이 있다', '△△한 사람은 ◇◇한 경향이 있다' 등으로 평가한다.

하지만 이 책에서 다루는 퍼스낼리티에는, 학술적인 전문용어로서 '어둠(다크)'이라는 말이 들어가기 때문에 처음부터 부정적인 인상(가치)을 부여한다는 모순을 안고 있다.

우선은 사실과 가치 판단(좋다/나쁘다)을 구분 지어 생각하길 바란다. 키를 예로 들자면 나는 키 160cm의 남자로 작은 키를 콤플렉스로 느끼며 살아가고 있지만, 키가 160cm라는 점은 그저 수치(사실)에 불과할 뿐 '좋다/나쁘다' 혹은 '좋아하다/싫어하다' 식의 평가와는 엄연히 다른 문제다. 전문용어로서의 '어둠'은 사실을 가리킨다고 생각하길 바란다.

그렇다면 '학술적으로' 어둠의 퍼스낼리티란 어떻게 정의되고 있을까?

결론부터 말하자면, '사회나 대인관계에서 문제를 일으키기 쉬운 퍼스낼리티'로 인식하고 있다. 예를 들어 반사회적 행동이나 사고방식, 법에 저촉될 법한 행동 경향 등이 해당한다.

한마디로 '어둠의 퍼스낼리티'는 가치로서의 '좋다/나쁘다'는 차치하고 사회적인 문제를 일으키거나 사람들에게 미움받기 쉬운 퍼스낼리티라고 생각해도 무방하다. 어디까지나 선악의 가치 판단은 부여하지 않는다는 점이 중요하다.

그림 1 어둠의 3요소 개념도

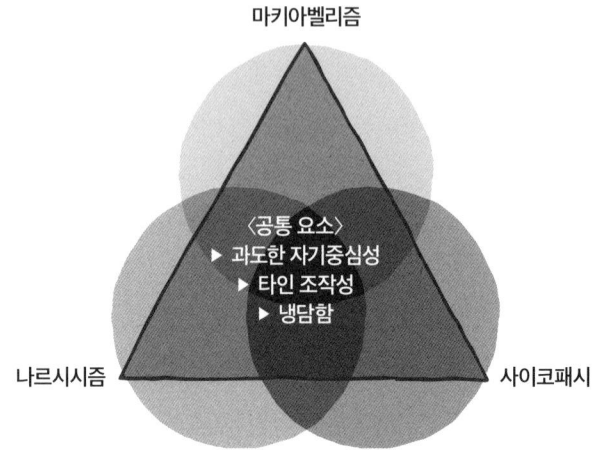

나중에 설명하겠지만, 어둠의 3요소를 구성하는 세 가지 퍼스낼리티는 원래 개별적으로 연구가 진행됐었다. 그렇다면 어째서 이 성격들을 '어둠의 3요소'로 묶어서 연구하게 되었을까? 그 이유는 각 퍼스낼리티 사이에 세 가지 공통 특성이 존재한다는 사실을 발견하였기 때문이다(〈그림 1〉 참조/Paulhus, 2014).

▶ 과도한 자기중심성
▶ 타인 조작성
▶ 냉담함

앞의 공통 요소를 중심으로 하는 행동 패턴에는 거짓말을 하거나 남을 속이고, 다른 사람의 불편함에는 개의치 않고 자기 마음대로 행동하며, 사람이나 동물, 사물에 대해 물리적·정신적 공격성을 보이는 특성이 있다.

또한 이러한 공통 요소가 있다는 것은 어둠의 3요소 중 한 가지 성향이 강하면 나머지 두 성향도 강하게 드러날 가능성이 있다는 것을 의미한다. 이 세 가지 성향 모두 강한 사람은 '어둠의 3요소' 특성이 강하다고 평가할 수 있다.

한편으로 어둠의 3요소 각각의 특성이 나타나기도 한다. 또한 어둠의 3요소 중에서 한 가지 성향만 높고, 나머지 성향은 낮은 (혹은 두 가지 성향이 높고 나머지는 낮은) 유형도 물론 존재한다. 그 경우 어둠의 3요소로서 그 특성이 강하다기보다는 각 성향의 특성이 강하다고 이해하는 편이 정확하다.

그렇다면 각 개념을 간단히 살펴보도록 하자.

목적을 달성하기 위해서라면 수단 방법을 가리지 않는다 - 마키아벨리즘의 특성

마키아벨리즘(machiavellism)은 오로지 자기 자신의 목적 달성

(부·명성·지위 등 사회적 위치의 극대화)을 위해 타인의 감정이나 자신을 향한 시선은 무시하고, '합리적(합목적, 독선적)인' 수단을 냉철하게 실행하는 다음의 행동 패턴을 보인다.

- **전략적 타인 조작성**: 목적 달성을 위해 의도적으로 타인을 합리적으로 조종
- **냉소적 세계관**: 타인이나 세계를 부정적이고 가치가 없는 존재로 여기며, 세상을 비뚤어진 시선으로 바라봄
- **도덕성 경시**: 도덕적 원칙은 자신의 목적을 위해서라면 무시해도 되는 사소한 개념으로 치부하며, 타인을 향한 의심이나 적개심, 지위나 지배의 욕구 등을 보임

가령 회사에서 높은 지위에 오르기 위해 누구에게 어떻게 아부하면 좋을지, 혹은 누구를 배제하고 무시할지 등을 의식적으로 생각하고 실행한다.

중요한 점은 즉흥적으로 그 자리의 분위기에 맞춰 행동하는 것이 아니라, 상대방을 파악하여 계획적으로 행동한다는 점이다. 전문용어로는 전략적 조작성이라고 한다. 학창 시절 만만하게 봐도 되는 선생님, 혹은 좋은 관계를 유지해야 하는 선생님을 의식

적으로 구분 짓고, 실제로 선생님에 따라 태도나 행동을 달리 하던 사람을 본 적 있을 것이다.

저 선생님에게는 말대답해도 되겠지, 수업 시간에 자도 되겠지, 지각 정도는 해도 되겠지 같은 생각으로 시작하여, 수업 시간에 프린트물을 종이비행기로 만들어 날려 보기도 한다.

반대로 혼나고 싶지 않거나 성적·평가와 관련된 선생님, 엄한 체육 선생님이나 동아리 선생님 등의 수업에는 성실한 자세를 유지한다.

물론 회사 내에서 사람에 따라 태도를 바꾸거나 학교에서 선생님에 따라 수업을 향한 마음가짐이 달라지는 것 정도는 누구에게서나 볼 수 있는 현상이다. 하지만 마키아벨리즘이 높은 사람은, 이러한 특성을 쉽게 드러내는 사람이라고 보면 된다.

마키아벨리즘 성향을 일관적으로 드러내는 사람은, 타인을 금방 배신해도 되는 존재라고 생각하며 진심으로 신뢰하지 않는다. 물론 그런 세상 속에서 가치란 찾아볼 수 없다. 이러한 냉소적인 세계관과 맞물려 도덕 역시 가치가 없다고 인식하고 경시한다. 예를 들어 자신이 타인을 배신하거나 반칙하는 것쯤은 어차피 가치 없는 세상이니까 괜찮다고 여긴다.

언제나 자신이
주인공이라는 감각

- 나르시시즘의 특성

나르시시즘(narcissism)은 타인에게 인정을 받고, 칭찬을 받고자 하는 욕구가 있어서 필연적으로 그것을 이행해줄 사람들이 주위에 존재해야 한다.

- **과대성**: 남들보다 자신이 더 뛰어나다고 믿는, 근거 없는 혹은 근거 이상의 감각
- **특권의식**: 다른 사람에게 허용되지 않는 일이 자신에게만은 허용되며, 그것은 당연하다고 여기는 감각
- **자기현시성이나 주목, 칭찬 욕구**: 자신의 훌륭함을 과시하며, 주목받고 칭찬받고 싶은, 그리고 칭찬받아 마땅하다고 여기는 감각

마키아벨리즘(혹은 사이코패시)이 강한 사람이 자신 이외의 존재(타인, 집단)를 안중에 두지 않고 무시하기 쉬운 데 반해, 나르시시즘이 강한 사람은 타인이나 집단에 스며들거나 관계를 맺고자 하는 경향이 특징적인 행동 패턴을 보인다.

다만 어디까지나 타인은 자신을 상대적으로 돋보이게 할 도구에 불과하다. 이른바 '동료 관계'라기보다는 '나보다 아래에 있는 사람', '들러리·조연'이라는 측면이 강하다. 사실 나르시시즘이 강한 사람은 타인과의 관계성을 추구하는 한편 타인을 발판 삼아 자신의 우월함이 드러나도록 행동하며, 그것이 어둠의 3요소 공통 요소인 과도한 자기중심성, 타인 조작성, 냉담함(타인의 상황을 전혀 신경 쓰지 않음)에 반영된다.

예를 들어 대화 중에도 본인 이야기, 그것도 자랑거리만 늘어놓는 사람이나 (재미있는 이야기로 분위기를 띄우기 위해서가 아니라 자기 자신을 어필하기 위해) 내용을 부풀려서 이야기하는 사람들이 있다. 혹은 누군가의 성공담 등을 들으면 그 이야기가 끝나기도 전에 도중에 끼어들며, "나도 말이지"라고 하며 이른바 마운팅을 하는 사람도 있다. 이런 식으로 끼어드는 이야기의 대부분은 대화 내용의 흐름에서 벗어나기도 하는데, 정작 본인은 마운팅을 하거나 과장된 이야기로 자신을 과시하는 데만 몰두하여 그 사실을 인식하지 못할 때가 많다.

때로는 타인을 안줏거리 삼아 자기를 어필하기도 한다. 주변 사람들을 깎아내려 자신을 끌어올리는 방식이다. 게다가 이런 사람들은, 본인은 다른 사람을 깎아내려도 되지만 다른 사람이 자신을 깎아내려서는 안 된다고 여긴다.

물론 이러한 행동은 일상생활에서도 종종 마주하게 되기는 하지만, 나르시시즘이 높은 사람은 특히 이런 행동을 보이기 쉽다.

사실 나 역시도 나르시시즘 경향이 평균에 비해 다소 높은 편이다. 괜한 근거 없는 자신감이 있으며, 기회가 있을 때마다 나의 성공담을 늘어놓곤 한다. 주변 사람이나 훨씬 훌륭한 사람들이 보면 아마도 냉소적인 표정을 지을지도 모르겠다.

하지만 다 큰 성인을 상대로 주의를 주거나 충고해주는 사람은 드물며, 자각하여 스스로 제어하지 않는 이상 손해 보는 사람은 결국 자기 자신이다. 어떻게 제어하는지는 나중에 제6장에서 설명하고자 한다.

나르시시즘의 취약성

나르시시즘에는 이러한 과시적 측면을 바탕으로 한 특성 외에 '다른 사람의 눈을 지나치게 의식'하는 특징도 있다. 이것을 '취약성'이라고 부르는데, 자신이 주목받지 않으면 불안해하거나 사람들에게 주목받기 위해 언뜻 보면 비극의 주인공인 양 행동한다.

물론 '나는 최악이야' 같은 생각은 하지 않는다. '나는 원래 행복해야만 하는데, 세상은 왜 이렇게 내게 잔인한 걸까'라는 생각처럼, 어디까지나 자신은 인정받아 마땅한 존재인데 그에 응당한 대우를 해주지 않는 사람들이 나쁘다는 사고방식이다.

여러분 주위에도 분명 이러한 사람들이 있을 것이다. 불행한 이야기(주로 자신은 옳고 완벽한데 부당한 대우를 받고 있다는 내용)를 하지만, 알고 보면 "아니야, 네 말이 맞아. 넌 대단해!"라는 말을 기다리고 있거나 사소한 실수나 지적에도 정색하며 부정하는 사람은 어디에나 있다.

물론 이러한 행동 하나만으로 나르시시즘의 취약성이 높다고

그림 2 **나르시시즘의 두 가지 구성 요소**

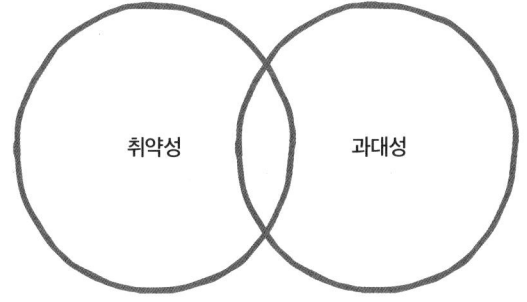

과대성이 높은 나르시시스트가 있는가 하면, 취약성이 높은 나르시시스트도 있다.
물론 두 가지 특성 모두 높은 나르시시스트도 존재한다.
어둠의 3요소에서 나르시시즘의 특성은 과대성에 주목하여 연구가 진행되고 있다.

말할 수는 없다. 나르시시즘의 취약성이 높은 사람은 이러한 경향이 전반적으로 나타나기 쉬우며, 상황과 관계없이 일관성을 보인다는 특징이 있다.

다만 나르시시즘이 높다고 해서, 무조건 과대성과 취약성 모두 높지는 않다. 과대성과 취약성은 각각 나르시시즘의 개별적인 측면에서 양쪽 모두 높은 사람이 있는가 하면, 어느 한쪽만 높은 사람도 있다. 어둠의 3요소 내에서는 '나는 대단해'라는 과대성에만 주목하고 취약성은 상대적으로 관심이나 연구가 저조하다. 이 책에서 소개하는 '나르시시즘과 ○○의 관계'는 주로 '나르시시즘의 과대성과 ○○의 관계'라고 이해해도 무방하다.

즉 어둠의 3요소 구조에서 나르시시즘의 취약성만 높은 사람에 관해서는 아직 밝혀지지 않는 부분이 많은 상황이다.

앞뒤를 생각하지 않고
무책임하게 자극을 추구한다 - 사이코패시의 특성

사이코패시(psychopathy)는 어둠의 3요소로서 다루는 경우와 사이코패시 단독으로 다루는 경우에 따라 양상이 달라진다. 이것은 어둠의 3요소 내 나르시시즘의 과대성과 취약성의 관계보다 훨씬 중요하다. 어둠의 3요소로서 주목받는 나르시시즘의 과대성은 나르시시즘의 핵심이라고도 말할 수 있다. 하지만 어둠의 3요소로서 주목받는 사이코패시는 사이코패시의 핵심이라기보다는 부수적인 측면이라고 할 수 있다.

우선은 어둠의 3요소라고 하는 틀 안에서 사이코패시를 어떻게 보고 있는지 살펴보도록 하자.

- **충동성이나 자극의 추구:** 지루함을 쉽게 느끼며, 혹여 그 행위가 나중에 문제가 된다고 할지라도 앞뒤를 생각하지 않고 행동으로 옮기는 경향
- **반사회적 성향:** 법적·도덕적 규칙을 위반하고, 바로 손부터 나가거나 타인에게 물리적인 해를 끼치기 쉬운 성향

싫증 내고, 그 때문에 새로운 자극이나 스릴을 갈망한다. 그리고 그 욕구는 그 자리에서 갑작스럽게 일어나는 경우가 많은데, 물론 그 욕구의 충족은 리스크를 동반하기도 한다. 예를 들면 편의점에 들어가서 마음에 드는 물건을 아무렇지도 않게 훔친다든지 말이다.

사이코패스, 즉 사이코패시 성향이 높은 사람은 이러한 상황에

서 그 행동의 결과나 타인의 시선 등은 신경 쓰지 않음은 물론, 자신이 나중에 어떻게 될지조차 생각하지 않고 충동적으로 행동하는 경향을 보인다.

타인을 도외시하며 욕구를 충족하는 행동을 취한다는 점에서는 마키아벨리즘과 비슷하지만, 사이코패시는 마키아벨리즘과는 달리 욕구와 실행 사이에 '타인을 고려하면서 자기의 목적에 이용하거나 무시하는' 과정이 없다. 애초부터 '고려하다'라는 과정이 빠져 있다고 생각하면 이해하기 쉽다. 따라서 범죄행위 등 도덕적 관념이나 윤리관이 결여된, 누가 봐도 나중에 어떻게 될지 뻔한 행동이라도 사이코패시가 높은 사람은 다른 사람에 비해 충동적으로 저지르는 경우가 많다.

회사에서 괜히 자신의 기분이 나쁘다는 이유만으로 부하직원을 구박하는 직장 상사나 심심하다는 이유로 상사를 조롱하는 부하직원이 분명 여러분 주위에 있을 것이다.

혹은 학창 시절 지금까지 친하게 지냈던 친구와 작은 문제를 일으키다 들켰을 때, 마치 처음 만난 사람처럼 거리낌 없이 친구의 잘못으로 돌리며 배신하고, 자신은 죄에서 벗어나려 했던 사람도 본 적 있을 것이다.

또 편의점에서 물건을 훔치거나 툭하면 물건을 부숴버리는 폭력을 저지르는 사람도 있다.

이것이 사이코패시가 높은 사람들의 특징이지만, 특히 '나중에 어떻게 될지 굳이 생각하지 않으며', '정신 차리고 보니 이미 일을 저질러 버린 상태'라는 점이 중요하다. 그리고 잘못을 저질렀다 하더라도 '상관없다'라며 뻔뻔함으로 일색하고 반성하지 않는다.

이러한 사이코패시의 특징은 일반 사람들에게도 평소 어느 정도는 볼 수 있기는 하다.

감정이 바로 얼굴에 드러나는 기분파나 물건을 거칠게 다루는 난폭한 사람도 있다. 매일 반복되는 과제나 업무에 싫증이 난 사람도 있다. 말해선 안 될 비밀을 아무렇지도 않게 발설하거나 '지금 상황에서 그런 행동은 좀 아니지 않나?' 싶은 눈치 없이 행동해버리는 사람도 있다.

사이코패시가 높은 사람은 특히 이러한 행동을 취하기 쉬우며, 일시적으로 반성하는 모습을 보인다고 해도 그 실패는 바로 머릿속 한구석에 처박아버리거나 금세 잊어버리는 경향이 강하다는 특징도 있다.

나 역시 사이코패시 성향이 평균값보다 다소 높으며, 쉽게 지루해하고 자극을 끊임없이 추구한다. 괜히 들뜬 마음에 술을 마시다 정신을 못 차리기도 하고, 그럴 때마다 '이젠 술 끊을 테다!' 하며 다짐해도 다음 날이면 또다시 마시기를 반복한다. 물론 이러한 경향만으로 사이코패시가 강하다고 판단할 수 있는 것은 아니지만, 사이코패시가 높은 사람은 이러한 경향을 보이기 쉽다.

다만 어둠의 3요소에서 다룰 때의 사이코패시는 사실 지금까지 연구해온 '사이코패시' 개념 중에서는 부수적인 측면에 불과하며, 본질적인 사이코패시의 '코어'가 아니다. 그래서 개념을 혼동하지 않도록 사이코패시 단독으로 연구되어 온 개념과 어둠의 3요소로서 다룰 때의 모순점에 대해서도 훑어보겠다.[1]

사이코패시의 두 가지 요소와 반사회성 퍼스낼리티

학술적으로 사이코패시의 개념은 두 가지 요소로 구성된다(단, 현재는 세 가지 요소를 가정하는 새로운 개념의 이론 등 다양한 모델이 제시되고 있다).

---

1 마키아벨리즘과 사이코패시를 측정하는 도구는 사실 동일한 개념을 측정한다는 의견(Miller et al., 2016)과 나르시시즘은 어둠의 3요소라는 틀로 다루기에는 다른 두 성향과는 질적으로 크게 다르다는 의견(Rauthmann & Kolar, 2013)이 있다.

사이코패시의 1차적 특징: 대인관계적/정동적 측면

먼저 냉담함·타인 조작성 등의 측면으로 '대인관계적/정동적 측면'이라고도 한다.

이 측면에는 수려한 입담, 과장된 자기 가치관(나르시시즘처럼 자신은 대단하다는 사고방식), 병적인 허언, 사기, 양심의 가책이나 죄책감 결여, 얄팍한 감정(감정 변화가 적다), 공감의 결여, 자신이 한 행동에 대해 책임지려 하지 않는 등의 특징을 나타낸다.

그리고 이 측면이야말로 사이코패시로서 규정할 수 있는 '1차적 특징(Primary Psychopathy; PP)'이라고 할 수 있겠다.

사이코패시의 2차적 특징: 사회적 일탈 측면

다른 한 가지 측면은 불안정한 생활양식·반사회적 경향에 관련된 것으로 '사회적 일탈 측면'이라고 부르기도 한다.

이 측면에는 쉽게 지루함을 느껴 자극을 추구하는 경향, 기생적 생활방식(자기 힘으로 생활하기보다는 누군가에게 빌붙어 살거나 타인의 자원을 착취하는 방식), 행동 통제력 부족, 어린 시절부터의 문제 행동(타인을 향한 공격 등 사회적 일탈 행동)이나 소년비행 경험, 현실적·장기적 목표의 결여, 충동성, 무책임성 등의 특징을 보인다.

이러한 것들이 '2차적 특징(Secondary Psychopathy; SP)'이다.

사이코패시와 반사회성 퍼스낼리티의 차이점

사이코패시와 비슷한 개념으로 반사회성 퍼스낼리티가 있다.

이것은 SP(2차적 특징) 그대로를 반영하는 퍼스낼리티인데, 바꿔 말하면 SP만으로는 사이코패시와 반사회성 퍼스낼리티를 변별해 낼 수가 없다. PP(1차적 특징)가 높으면 제일 먼저 반사회성 퍼스낼리티가 아닌 사이코패시라는 개념을 먼저 파악할 수 있다.

어둠의 3요소 틀에서 다루는 사이코패시의 특성은 반사회성 퍼스낼리티와 변별할 수 없는 측면인 SP(2차적 특징)다. 그리고 사이코패시를 사이코패시라고 규정짓게 하는 PP(1차적 특징)의 측면은 어둠의 3요소의 공통 요소로서 다루고 있다. 이 점에 대해서는 개념적인 정리에 관한 의논을 계속할 필요가 있다(《그림 3》 참조).

필자 역시 사이코패시가 높다고 앞서 밝혔다. 그런데 생각해보면 나는 앞뒤를 생각하지 않고 행동하다가 잘못되면 '아, 또 저질러 버렸네'라며 후회하기도 하고, 스스로는 미처 깨닫지 못했던 자신의 민폐 사실을 그 자리에 함께 있던 다른 사람에게 전해 들었을 때 미안해하는 마음을 가진다. 그리고 잘못을 깨달을 때마다 마음이 동요하기도 한다.

그러다가 일단 삼키기만 하면 뜨거움을 금세 잊어버리듯 '뭐, 어쩔 수 없지' 하며 넘어갈 때가 많지만 말이다.

적어도 양심의 가책이나 후회하지 않는 마음, 타인을 향한 냉담함 등에 대해서는 그렇게까지 수치가 높지 않은 듯하다. 즉 나는 사이코패시의 PP는 높지 않지만 SP가 높은, 즉 반사회성 퍼스낼리티가 높은 편이라고 말할 수 있다.

그림 3   사이코패시의 두 가지 구성 요소

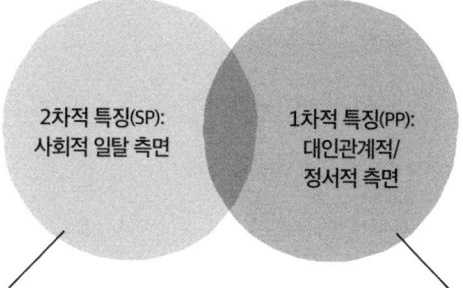

2차적 특징(SP): 사회적 일탈 측면

1차적 특징(PP): 대인관계적/정서적 측면

임상 기준에 비춰, SP가 높은 경우에는 반사회성 퍼스낼리티가 높다고 진단(PP는 변별 가능)

PP는 어둠의 3요소 공통 요소로서 다뤄짐

• 어둠의 3요소 영역 안에서 사이코패시의 특성은 SP로 다룬다.

2002년부터 시작된, 어둠의 3요소

그렇다면 어둠의 3요소는 언제부터 연구되기 시작했고, 어떻게 발전해왔을까. 이를 알면 어둠의 3요소가 뭔지 잘 모르지만 어두운 이미지라며 뭉뚱그리기보다, 구체적으로 어떠한 것인지를 이해하는 데 도움이 될 것이다.

어둠의 3요소라는 전문용어 자체는 새롭지만, 사실 그 안을 들여다보면 조금 전 소개한 바와 같이 개별적으로 연구되어 온 마키아벨리즘, 나르시시즘, 사이코패시로 구성된다. 왜 그동안 연구가 개별적으로 진행되었으며, 왜 이제서야 하나로 묶어서 다뤄지게 되었을까?

'어둠의 3요소(Dark Triad)'라는 말은 2002년 발표된 논문(Paulhus & Williams, 2002)을 통해 일반적인 용어가 되었지만, 사실 알맹이에 해당하는 '세 가지 어두운 성격의 개념'에 관해서는 훨씬 예전부터 연구가 진행됐었다. 하지만 각각 다른 영역에서의 연구였다. 현재에 이르러 세 가지 개념의 개요는 공통 요소를 갖고 있다는 것이 실증적으로 명확해졌지만, 그때까지 이 세 가지 개념을 하나로 묶어서 접근하는 방식은 주류가 아니었다.

그렇다면 각각의 개념에 관한 연구가 어떠한 형태로 진행됐는지 살펴보도록 하자.

사이코패시 연구의 역사

사이코패시와 나르시시즘은 각각 '어떻게 이런 사람이 있을 수 있지? 그렇다면 하나의 개념으로 정의해보자'라는 취지에서 개념화되었다.

구체적으로 사이코패시는 범죄 행동을 일으키기 쉬우며, 그 행동에 죄책감을 느끼지 않고 냉담함을 보이는 특징이 있는 사람들의 존재를 기반으로 한다. 이와 더불어 죄수들을 대상으로 범죄를 저지르는 이유에 대한 궁금증에서 출발한 연구가 시작되었다. 1941년 클레클리(H. Cleckley)의 제안, 1980년 헤어(R. D. Hare)의 개념 정리를 거쳐, 1990년대에 들어서는 사회적 일탈의 측면에서 연구가 진행되었다.

'사이코패스(Psychopath)'라는 개념 역시 이 시기에 진단명으로서 확립되었다. 헤어가 사이코패시라는 개념을 정리하면서 개발한 사이코패시 진단검사(Psychopathy Checklist-Revised; PCL-R)를 사용한 면담에서 기준치 이상의 점수가 나오면 '사이코패스'라고 '진단'한다.

따라서 사이코패스는 단순히 진단명에 불과하며, 그 사람에게 부정적인 꼬리표(이 사람은 사이코패스니까 나쁜 사람 등)를 붙이기 위한 용어가 아니다. 예를 들어 '감기'라는 진단을 받았다고 해서 그 환자 자신에게 부정적인 꼬리표가 붙는 것이 아닌('이 사람은 감기 걸렸으니 한심한 사람'이라고 하지는 않을 테니까), 단순히 치료의 필요성을 나타내는 이름표라고 할 수 있다. 그리고 이 검사에서 쓰이는 체크리스트는 사이코패시의 두 가지 측면을 다룬다(전문적으로는 'Factor1', 'Factor2'라고 부르는데, 각각 PP, SP에 해당한다고 이해하면 된다).

'사이코패시 성향, 사이코패시가 높다'라는 의미로 '사이코패스'라는 말을 사용하기도 하는데, 이 책에서는 '사이코패시가 높은 사람'이라고 표기하고자 한다. 다만 표 등에는 '사이코패시가 높은 사람'이라는 의미로 '사이코패스'라고 표기하고 있다. 따라서 이 책에서 말하는 '사이코패스'는 특별한 주의 설명이 없는 한, 진단명으로서가 아닌 '사이코패시가 높은 사람'을 가리킨다고 생각하길 바란다.

나르시시즘 연구의 역사

나르시시즘은 자기 자신을 필요 이상으로 과장하거나 과도한 칭찬 욕구, 대인관계 문제, 그리고 그로 인해 일상생활에 지장을 보이는 성향을 기반으로 한다. 정신질환(인격장애)의 하나로서 치료가 필요하며, 임상적인 맥락에서 연구가 진행되었다.

인격장애는 크게 세 가지 유형(A: 기이형, B: 충동형, C: 불안형)으로 분류되며, 나르시시즘이 극도로 높을 때 진단하는 자기애성 인격장애는 B에 포함된다. 이 유형은 충동성이나 공격성을 특징으로 한다. 나르시시즘은 그중에서도 자신감 과잉이나 타인을 아래로 내려다보는 경향(과대성), 생각대로 되지 않을 때 쉽게 분노하며 자기 자신을 향한 주목성에 민감함 등을 특징으로 한다.

자기애성 인격장애도 진단 기준을 바탕으로 진단한다. 이 진단 기준은 정신질환 전반에 포괄적으로 사용한다(정신질환의 진단 및 통계 편람 제5판, DSM-5). 다른 인격장애도 기본적으로는 이 진단 기준에 따라 진단된다.[2]

마키아벨리즘 연구의 역사

마키아벨리즘은 앞의 두 가지 요소와는 다소 역사가 다르다. 앞서 소개한 나르시시즘이나 사이코패시라는 개념은 원래 관찰되는 양상이나 임상적·사회적 일탈에 관한 영역의 발견을 기반으

---

[2] 반사회성 인격장애도 B 유형에 포함되며, DSM-5에 따라 진단된다. 하지만 사이코패스는 DSM-5로는 정의하지 않고, 사이코패스와 같은 증상은 DSM-5에서는 반사회성 인격장애로 진단한다.

로 하는, 이른바 바텀업(Bottom up, 상향식) 방식으로 개념화한 것이다.

하지만 마키아벨리즘은 '이론적으로 이러이러한 경향을 보이는 사람이 존재할 것이다'라는 형태로 개념이 먼저 확립되었다. 이른바 이론적 가설을 기반으로 한 연역적 접근에 따라 확립된 개념이다. 이 경향이 사회적 방면에서 어떻게 작용하는지 실증 연구가 진행되었고, 실제 이론적 개념과도 일치하였다.

구체적으로는 이탈리아 역사 속 인물인 니콜로 마키아벨리의 저서 『군주론』에서 발상을 얻었다. 이 책에서 말하는 "결과는 수단을 정당화한다"라는 사상은 도덕성 경시나 거짓말, 아첨 등으로 타인을 자기 뜻대로 조종하는 행위를 정당화하고 실행하는 경향이라고 말할 수 있다. 이것들이 마키아벨리즘으로서 개념화되었다.

그리고 실증 연구는 주로 일반 사회에서 말하는 '개인차 연구'[3]의 맥락에서 진행되어왔다. 따라서 나르시시즘이나 사이코패시와 달리 '진단'의 개념 등은 없다.

---

3 예를 들어 '키가 큰 사람은 몸무게도 많이 나가는 경향이 있다'처럼 특정 개인차가 다른 개인차와 어떠한 관련이 있는지 검증하는 연구다. 지금까지의 연구에서는 마키아벨리즘의 개인차가 다른 개인차와 어떠한 관련이 있는지에 주목해왔다. 이는 나르시시즘이나 사이코패시처럼 극단적인 경향을 치료한다는 발상과는 다르다. 더구나 치료라는 발상을 키나 몸무게에 적용하면 '지나치게 큰 키를 치료를 통해 작게 만든다', '과체중을 치료를 통해 개선한다'라는 말이 된다.

지금까지 세 가지 퍼스낼리티 연구의 역사를 살펴봤는데, 연구는 각각의 영역에서 귀결되지 않는다. 연구가 진행됨에 따라 보다 확장적·학제적인 접근도 진행하게 된다.

예를 들면 나르시시즘이 임상적인 수준과 일반적인 수준 사이에 명확한 경계가 있다기보다 오히려 연속적으로 분포한다는 것, 사이코패스는 범죄자뿐만 아니라 일반인 집단 내에 잠재해 있으며 그 사람이 꼭 범죄자라고 추정할 수 없다는 것이 밝혀졌다.

당연하게도 그 사실을 검증하기 위해서는 일반인을 대상으로 하거나 일반적인 다른 퍼스낼리티의 관련성을 검증하게 된다.

그 결과 '다른 개념으로서 연구해온 내용들 사이에 서로 겹치는 부분이 있는데?'라는 의문이 생기게 되었다. 그렇게 세 가지 개념을 일괄적으로 측정하여 각 개념의 공통 여부를 검증하고, 2002년 연구에서 처음으로 '다크 트라이어드'라는 용어를 사용하게 되었다.

어둠의 3요소를 향한 의문

앞에서 어둠의 3요소에 관한 연구 흐름을 소개했는데, 이 연구를 향해 의문의 눈길을 보내는 사람도 없지는 않다.

예를 들어 어둠의 3요소에서 공통하는 특성, 그리고 공통된 성향을 나타내는 행동 패턴이 있다고 설명했는데, 그 행동의 기반이 되는 메커니즘은 각 퍼스낼리티에 따라 달라지지는 않는지 의문을 던진 연구도 있다.

어둠의 3요소의 모든 퍼스낼리티는 자기중심적인 행동을 취하지만, 마키아벨리즘은 실질적인 목적(특히 부, 명성, 지위 등의 획득)을 달성하기 위해, 사이코패시는 그 자리에서 생겨난 욕구를 충족하기 위해, 나르시시즘은 자신을 과시하고 인정받기 위해 행동한다.

그 외에도 마키아벨리즘과 사이코패시가 사실상 동일한 개념으로 측정하고 있다는 지적이나, 나르시시즘을 어둠의 3요소 축에 포함하기에는 마키아벨리즘이나 사이코패시와 질적으로 다르다는 의견도 있다.

이러한 견해와 모순점이 있는 것도 사실이다. 하지만 그 내용들도 포함하는 여러 가지 관점에서 접근한 연구가 진행되었고, 새로운 지식과 견문이 쌓이고 쌓여 생각의 갱신과 오류의 발견으로 이어진다. 어둠의 3요소에 관한 앞으로의 연구에 따라 어떠한 지식을 얻게 될지는 현재로서는 알 수 없지만, 앞으로도 발전의 여지가 있다.

이 책에서는 현재의 지식을 현 연구의 틀에 따라 소개한다. 즉 다음의 두 가지 입장을 다루고자 한다.

① 어둠의 3요소에서 다루는 세 가지 퍼스낼리티에는 공통점이 있지만, 변별할 수 있는 다른 개념이기도 하다.
② 어둠의 3요소에 속해있는 사이코패시의 특성은 충동성이나 사회적 일탈을 중심으로 하는 특징(SP, 2차적 특징)을 말한다(단, 상황에 따라 사이코패시를 향한 본래의 시각, PP를 참고로 하기도 한다).

또한 어둠의 3요소의 각 측면에는 일관된 성차를 보이는데, 즉 남성 쪽이 여성에 비해 높다고 한다. 왜 이러한 경향이 나타나는지에는 다양한 의견이 있지만, 진화론 차원에서 추정되는 이유에 대해서는 뒤에서 설명하기로 한다(135쪽).

누구나 어둠의 3요소 특성을 가지고 있을까?

여기까지 읽으면서 다음과 같은 의문을 품는 사람도 많을 것으로 보인다.

'어둠의 3요소는 많든 적든 간에 모든 사람이 가지고 있는 특성일까?'

어둠의 행동 자체는 어둠의 3요소 경향이 낮은 사람에게도 나타날 때가 있다. 예를 들면 상대방에 따라 쌀쌀맞게 대하거나 과제가 지겨워져서 다른 일을 해버리기도 하고, 자신의 성공담을 자랑하고 싶어 하기도 하며 건널목에서 벗어나 길을 건너는 등(규칙 위반), 상황에 따라 소소한 사고를 치기도 한다. 이처럼 개인마다 다른 행동 특성을 보이는데, 어둠의 3요소 성향이 높은 사람은 그 행동들을 어김없이 일관되게 드러낸다.

그리고 중요한 것은 어둠의 3요소를 '가지고 있다', '가지고 있지 않다'로 평가하지 않는다는 점이다.

예를 들면 키나 몸무게처럼 신체적 특징에 관해서는 '키를 가지고 있다'가 아닌 '키가 크다'라고 말하고, '몸무게를 가지고 있다'가 아닌 '몸무게가 많이 나간다' 등으로 표현하는 것이 일반적이다('체격이 있다' 등으로 표현하기도 하지만, 이것은 '체격을 가지고 있다'가 아닌 '체격이 크다'라는 것을 의미한다).

어둠의 3요소의 특성을 포함하는 퍼스낼리티도 비슷하게 표현한다. 즉 '어둠의 3요소 성향이 높다(낮다)', 혹은 어둠의 3요소 내 각 퍼스낼리티에 주목하여 '사이코패시가 높다(낮다)' 등으로 표현한다. 이처럼 각 요소의 수치가 높고 낮음에 따라 그 사람의 특징을 표현하는 방식을 특성 이론(Trait theory)이라고 한다.[4]

특성 이론을 기준으로 하면 어둠의 3요소가 높은 사람부터 낮은 사람까지 다양한 사람이 있는데, 평균 수준인 사람이 가장 많고 극도로 높거나 낮을수록 그 수는 줄어드는 분포(정규 분포)를 보인다.

이러한 이론을 편차치로 변환해보면 평균(50)이 가장 많으며, 매우 높은 사람(혹은 매우 낮은 사람)은 적게 분포한다.

어둠의 3요소 편차치를 생각했을 때 평균이 50이라면 편차치 40~60의 범위에는 전체의 70% 정도(약 68.2%)가 포함된다. 거꾸로 말하면 이 범위를 벗어나는 높은 수준(낮은 수준)의 사람은 어둠의 3요소 편차치가 60을 넘는 사람(혹은 40보다 아래에 해당하는 사람)으로, 상위 15%(혹은 하위 15%)를 차지한다(〈그림 4〉 참조).

이렇게 생각하면 평범하게 일상생활을 보내는 사람 중에도 어둠의 3요소 성향이 높은 편인 사람(편차치 60 이상인 사람)이 있다

---

[4] 유형에 따라 그 사람의 특징을 표현하는 방식을 '유형 이론'이라고 한다. 유형 이론을 기준으로 하면 '어둠의 3요소이다/아니다'로 표현하게 되고, '어둠의 3요소 특성을 가지고 있다/가지고 있지 않다'라는 개념도 생길 수 있다. 그러나 키를 고 신장형·저 신장형이라는 유형 이론적으로 다룰 수 있음에도 불구하고 그렇게 표현하지 않는 이유는, 특성 이론 방식에 맞춰 수치로 표현하는 편이 그 사람의 특징을 더욱 상세하게 파악할 수 있기 때문이다. 퍼스낼리티도 이와 마찬가지로 특성 이론에 따라 표현하면 그 사람의 특징을 더욱 상세하게 나타낼 수 있다.

는 사실을 쉽게 추측할 수 있다. 참고로 IQ에도 이러한 분포의 평가 방식을 사용한다. IQ로 전환하면 평균은 100이며 85~115의 범위 안에는 전체의 약 70%가 포함된다.

그리고 어둠의 3요소 편차치가 그럭저럭 낮은 사람(편차치 40 이하인 사람)도 비슷한 수로 사회에 존재한다는 말이 된다. 즉 어둠의 3요소 편차치가 40부터 60 정도, 혹은 범위보다 조금 높거나 낮은 사람들도 우리 주변에 평범하게 살아가고 있다는 뜻이다.

그러한 범위 내에 있는 어둠의 3요소 성향이 높은 사람은 일상

그림 4 편차치로 보는 어둠의 3요소 정도와 분포

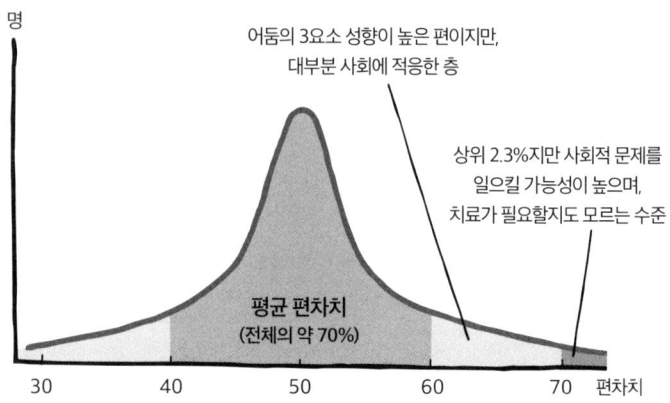

에서 소소하게 문제를 일으킬지도 모르지만, 대부분은 상식적인 범위 내에서 행동할 것이다. 그리고 대개는 사회생활에 적응하여 하나의 개성으로서 평가받기도 한다. 이 정도의 사람들은 이른바 일반적인 수준의 사람이라고 생각해도 별 무리가 없다.

그렇다 하더라도 아무런 문제도 일으키지 않는 사람들보다는 어떠한 형태로든 삶의 괴로움을 느끼고 있을지도 모른다.

이처럼 자기 내면에 있는 어둠의 3요소를 향한 인식과 그러한 개성에 어떻게 다가가면 좋을지는 제6장에서 알려주고자 한다.

사회적 문제를 일으킬 우려가 있는 어둠의 3요소 수준은?

어둠의 3요소가 사회적으로 문제가 되는 수준, 즉 치료가 필요한 임상 수준은 평균을 훨씬 웃도는 수준으로 벗어나는 경우이다.

편차치로 생각해보자. 예를 들면 편차치가 30~70의 범위 내에는 95.4% 정도가 포함된다. 바꿔 말하면 그 범위를 벗어나는 사람은 상위 혹은 하위 2.3%다. 이 수치는 평균이 100인, IQ로 말하면 상위는 130 이상인 사람들로 멘사 회원 자격을 얻을 수 있는 수준이거나 그 이상이며, 하위는 70 미만의 사람들로 지적장애라고 진단받는 수준이거나 그 미만이다. 일상생활에 지장을 초래하여 내려지는 '진단'은, 적어도 이 정도로 극단적인 점수를 받는 사람들에게 내려진다.

즉 어떠한 형태로든 사회적인 문제를 일으킬 가능성이 높으며, 치료 등의 대처가 필요할 정도로 어둠의 3요소 성향이 높은 사람은 100명 중 2명 정도의 비율을 차지한다. 부연하자면 어둠의 3요소 편차치가 70이라고 해도 당장 치료가 필요한 상황이라고 할 수 없다는 말이다. 사회적인 문제를 일으키지 않고 일상생활에 지장을 주지 않으면 진단은 내리지 않는다.

또한 측정 방법에 따라 대상 인물의 어둠의 3요소 편차치가 달라지므로(모의시험에 따라 편차치가 달라지는 것과 같다) 일률적으로 치료가 필요한지는 판단하지 않으며, 복수의 측정 방법에 따라 최종적인 진단이 내려진다(추후 설명하겠지만 '어둠의 3요소'에 대한 임상 진단은 없다).

게다가 기존의 어둠의 3요소 측정척도로 실제 임상 수준, 즉 지극히 높은(혹은 낮은) 경향을 검출하기에는 득점 범위의 폭이 너무 좁을지도 모른다.

어둠의 3요소 측정척도는 일부를 제외하고는 기본적으로 일반 사회 내 사람들의 특징을 파악하기 위해 작성되었다. 따라서 어둠의 3요소 척도로 측정한 결과, 만점(최고점)이 나왔다 할지라도 그것이 반드시 일상생활에 지장을 주는 수준인지 아닌지를 판단하는 것은 곤란하다.

IQ로 바꿔 생각하면 IQ가 300인 사람(폰 노이만 등 천재적인 IQ의 소유자)이나 IQ 120인 사람(머리가 좋다고 인정받는 명문대생 등)은 중학교 1학년 시험에서 만점을 받을 것이다.

하지만 그 시험문제로는 일반적인 수준에서 IQ가 높은지(IQ 120), 우리가 상상조차 하기 힘들 정도로 IQ가 높은지(IQ 300)를 변별할 수 없다. 일반적으로 실시되는 어둠의 3요소 측정척도도 이와 같다고 할 수 있다.

이러한 어둠의 3요소 측정척도(어둠의 3요소 성향이 높은지 낮은지 확인하는 자가 분석 도구)에 대해서는 뒤에 나오는 제6장에서 소개하기로 하겠다.

어둠의 3요소 특성은 타고나는 것일까? 아니면 환경에 따라 변화하는 것일까?

어둠의 3요소 특성 수준은 유전의 영향을 받을까? 혹은 성장 환경과 깊은 관련이 있을까? 만일 유전으로 모든 성향이 결정된다고 한다면, 우생학적 극단론이 등장할 수밖에 없어지므로 신중하게 판단할 필요가 있다.

결론부터 말하자면 양쪽 모두와 관련이 있다. 즉 유전'도' 환경'도' 영향을 준다. 또한 이것은 어둠의 3요소 특성에 국한되지 않고 다른 퍼스낼리티나 다양한 심리 변수 역시 동일하다.

유전적인 영향이 있다는 말은 태어난 순간부터 어둠의 3요소 특성의 개인차가 생긴다는 뜻이다. 다만 그 특성이 성인이 되어서도 그대로 발휘된다는 것을 의미하지는 않는다. 환경에 따라 처음 수준이 변동하며, 최종적으로 어둠의 3요소 특성이 형성된다.

유전의 효과와 환경의 효과

유전의 효과라고 하면 특정 유전자가 있는지 없는지에 따라 어둠의 3요소 성향이 높은지 낮은지 결정된다고 생각할지도 모른다. 하지만 그렇지 않다. 수많은 유전자가 조금씩 어둠의 3요소 수준에 영향을 준다.

키를 생각해보자. 여러분의 키는 특정 '키 유전자'로 결정되지 않고 수많은 유전자가 조합된 결과로써 각자 서로 다른 키가 되었을 것이다. 즉 구체적으로 어떤 특징 유전자가 어느 정도의 영향을 주는지 단정 지어 말할 수 없지만, 유전의 효과는 유전자 전체에서 어느 정도로 영향을 주었는지를 말한다.

어둠의 3요소에 대한 유전의 효과도 이와 동일하게 구체적으로 어떤 유전자가 영향을 끼치는지가 아닌, 유전자 전체에서 어느 정도의 영향력이 있는가를 생각한다.[5]

그러나 조금 전 언급했던 듯이 유전만으로 개인의 특징이 결정되지 않는다. 환경의 효과도 당연히 있다. 여기에서 말하는 환경의 효과도 구체적으로 어떠한 환경(육아 방식, 말투 등)이 영향을 끼치고 있는지가 아닌, 환경 전체에서 어느 정도의 영향력이 있는지를 말한다.

'환경의 효과'라고 하면 보통은 육아 방식이나 가정 환경 등을 먼저 머릿속에 떠올린다. 혹은 교우 관계나 지역사회도 환경 요인으로서 추정할 수 있다. 모두 해당하지만 사실 조금 더 복잡하다.

유전과 환경의 효과는 행동유전학(behavioural genetics)이라는 영역에서 연구되며, 주로 쌍둥이를 대상으로 한다. 쌍둥이를 대상으로 하면 계산상 유전 '만'의 효과와 유전 '이외'의 효과를 구분할 수 있기 때문이다. 하지만 다소 복잡하므로 기술적인 부분은 다루지 않고 대략적으로만 소개하고자 한다.

---

5 예외적으로 특정 유전자의 유무에 따라 결정되는 개인 특징도 있지만, 이 책에서는 다루지 않는다.

유전 '이외'의 효과는 쌍둥이 양쪽에 동일한 영향력을 가지는 '공유 환경' 효과와 쌍둥이 개인마다 다르게 주어지는 '비공유 환경' 효과로 나뉜다.

예를 들어 한 가정에서 자란 쌍둥이는 부모의 손에 이끌려 같은 장소에 놀러 가거나 같은 식사를 하고, 같은 책을 읽으며, 같은 텔레비전 프로그램을 본다. 이것은 공유 환경이라고 할 수 있다.

한편 한 가정에서 자랐다 하더라도 같은 장소에 놀러 갈 때 쌍둥이 중 한 명은 어머니와, 다른 한 명은 아버지와 놀 때가 많다면 쌍둥이에게는 각각 다른 환경이라고 할 수 있다. 혹은 부모님이 같은 책을 읽어주더라도 한 명은 아침에 다른 한 명은 밤에 읽어주는 일이 많고, 같은 텔레비전 프로그램을 보더라도 한 명은 흥미를 갖고 보지만 다른 한 명은 관심이 없어 혼자 다른 놀이를 하고 있었다면, 그 역시 쌍둥이에게는 서로 다른 환경이 된다.

이처럼 쌍둥이에게 개별적으로 작용하는 환경의 효과를 '비공유 환경' 효과라고 한다.

행동유전학 세 가지 법칙에서 본, 세 가지 특성

행동유전학에서는 일반적으로 유전, 공유 환경, 비공유 환경이라는 세 가지 요인이 개인차에 미치는 영향에 대해서 연구한다.[6] 그리고 퍼스낼리티 개인차에 각각 어느 정도 영향을 주는지를 검증해보면, 사실 대부분이 유전과 비공유 환경의 영향을 받는다. 더 구체적으로 설명하면 30~50% 정도는 유전의 영향을, 나머지는 비공유 환경의 영향을 받는다. 이를 정리하자면 다음과 같다.

① 인간의 모든 행동 특성은 유전적 영향을 받는다.
② 한 가정 내에서 양육되는 것(공유 환경)의 효과는 유전자의 영향보다 작다.
③ 행동 특성의 개인차 중 대부분은 유전자나 공유 환경으로는 설명할 수 없으며, 각각 다른 환경 요인(비공유 환경 요인)으로 결정된다.

이를 행동유전학의 세 가지 법칙이라고 하는데, 어둠의 3요소도 예외가 아니다.

버논 연구팀(Vernon et al., 2008)은 139쌍의 쌍둥이를 대상으로 유전이 각 퍼스낼리티에 미치는 영향에 대해 〈그림 5〉와 같이 설명했다.

---

6 실제로는 더 복잡하지만, 이 책에서는 다루지 않는다.

그림 5 각 퍼스낼리티 형성에 유전과 환경이 미치는 영향

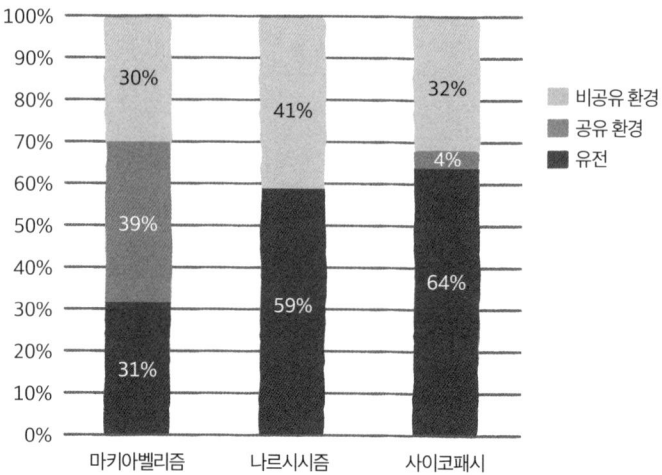

각 요인이 미치는 영향의 비율은 전부 합쳐 100%다. 나르시시즘과 사이코패시는 유전과 비공유 환경만으로도 거의 100%를 보이지만, 마키아벨리즘은 그 두 가지 요인을 합치면 61%에 그친다.

사실 마키아벨리즘은 행동유전학의 세 가지 법칙과 달리, 39%가 공유 환경의 영향을 받는다. 더 정확하게 말하자면 '가정의 효과'다. 즉 마키아벨리즘의 개인차에 관해서는 가정 환경의 영향이 크게 관여한다고 볼 수 있다.

456쌍의 쌍둥이를 대상으로 진행된 연구(Veselka et al., 2011)에

표 1 세 가지 연구를 통해 밝혀진 어둠의 3요소에 대한
유전·공유 환경·비공유 환경 효과의 비율

		유전	공유 환경	비공유 환경
마키아벨리즘	Vernon et al., 2008	31%	39%	30%
	Veselka et al., 2011	1%	44%	55%
	일본(저자 연구)	27%	0%	73%
나르시시즘	Vernon et al., 2008	59%	0%	41%
	Veselka et al., 2011	40%	24%	36%
	일본(저자 연구)	24%	12%	65%
사이코패시	Vernon et al., 2008	64%	4%	32%
	Veselka et al., 2011	34%	22%	44%
	일본(저자 연구)	22%	0%	78%

서도 나르시시즘과 사이코패시의 개인차는 유전과 비공유 환경의 영향을 받지만, 마키아벨리즘은 공유 환경의 영향력이 큰 것으로 확인되었다(〈표 1〉 참조). 또한 일본 내 쌍둥이 연구에서는 마키아벨리즘과 사이코패시는 행동유전학의 세 가지 법칙에 따르는 결과를 보였지만, 나르시시즘은 공유 환경의 효과가 두드러졌다(〈표 1〉 참조).

어둠의 3요소라는 개념을 알아둘 때의 장점

"사이코패스는 당신 주변에 있다"라는 말을 들어도 크게 실감하지 못하는 사람이 많을 것이다. 뉴스에 나올 법한(혹은 보도의 규제를 받을 만큼) 잔혹한 살인사건이나 영화 혹은 만화에 등장하는 연쇄살인범처럼 자신의 일상과는 거리감을 느끼는 사람도 있을 것이다.

하지만 지금까지 설명한 어둠의 3요소 특성을 읽으며 모든 항목에 해당하지는 않지만, 혹은 세 가지 퍼스낼리티 중 한 가지에만 해당하지만, 자신의 주변에 비슷한 특성을 가진 어떤 사람이 떠오르거나 본인 내면에 그러한 특성이 있다고 느낀 사람도 있을 것이다.

제1장의 서두에서 '어둠의 3요소'라는 말이 사춘기 청소년들의 흥미를 불러일으킬 법하다고 썼다. 하지만 그러한 호기심이 아니라도, 혹은 연구자 외에도 이 책을 읽고 있는 독자들이 어둠의 3요소라는 개념을 알아둘 때의 장점을 깨닫길 바란다. 예를 들면 다음과 같다.

장점 1: 본인이나 타인이 지닌 어둠의 3요소 특성을 알 수 있다

먼저 '어둠의 3요소'의 개념을 알게 되면 자신에 대해 자각할 수 있으며 타인의 행동 패턴에 대해 그 이유를 알 수 있다는 장점이 있다.

예를 들면 일상에서 사람들과 다툼을 일으키는 일이 잦거나 뒷일은 생각하지 않고 벌인 행동으로 나쁜 결과를 초래하는 사람들이 있다. 그리고 그 사람들은 자신이 왜 그러는지 그 이유에 대해 막연하게 추측만 할 뿐이다. 도대체 어떻게 하면 좋을지 모른 채 결과적으로는 같은 잘못을 반복하고 만다.

하지만 어둠의 3요소라는 개념을 알고, 자신이 어둠의 3요소 경향이 높다는 것을 자각하게 되면, 지금껏 왜 그런 상황들을 겪어왔는지 해답 중 하나를 얻을 수 있다. 그리고 그것을 바탕으로 자신의 행동 패턴이나 심리 메커니즘의 특징을 객관적으로 파악할 수 있게 된다. 적어도 지금까지의 행동 패턴을 의식하고 통제할 가능성이 생긴다는 말이다.

나 역시 왜 이러한 잘못들을 되풀이 하는지 의문을 품을 때가 종종 있었다. 하지만 어둠의 3요소라는 개념을 알게 되자 그 원인을 파악할 수 있게 되었다. 어둠의 3요소 성향이 높은 편이라는 사실을 알고 나니 어떠한 상황에서, 무슨 일을 벌일지 어느 정도는 예상할 수 있어 적어도 그 전보다는 조심해서 행동하고 있다.

참고로, 몰랐던 심리적 개념을 알게 되면 자신의 행동을 되돌아볼 수 있다는 장점은, 비단 어둠의 3요소에 국한되지 않는다.

예를 들어 빅 파이브 성격 이론(Big Five Personality Traits, 인간의 성격을 5가지 요인으로 설명하는 심리학 이론이다. 5가지 요인은 외향성, 성실성, 우호성, 개방성, 신경성이다) 중 하나인 '신경성'이 높은 사람은 쉽게 불안감을 느끼며 걱정이 많은 경향이 있다. 일상에서 이러한 상태가 계속 이어지면 점점 에너지를 소모하여, 결국 정신적·신체적 건강에 이상이 생긴다.

신경성이라는 개념을 모르면 이 역시 원인을 막연하게 여기며 '나는 정말 구제 불능이야'와 같은 패배의식에 사로잡히는 악순환에 빠져 더욱 부정적인 결과를 낳게 된다.

하지만 신경성이라는 개념을 알고 스스로 신경성이 높다고 자각한다면 어떨까. 적어도 원인 중 하나는 뚜렷해지며, 그 원인을 바탕으로 의식적인 행동 제어를 할 수 있게 된다.

장점 2: 어둠의 3요소 성향이 강한 사람을 파악할 수 있다

어둠의 3요소라는 개념을 알아두면 좋은 다른 한 가지는 원활한 인간관계를 맺고, 위험으로부터 피할 수 있다는 점이다.

어둠의 3요소 성향이 높은 사람은 다른 사람의 눈에는 카리스마 있고 매력 넘치는 사람으로 비친다. 하지만 실상은 이 책에서 서술했듯이 대인관계 문제나 사회적 문제 등 다른 사람에게 불이익을 가하기 쉽다. 그러한 특징을 첫 대면에서 알아채기란 절대 쉽지 않다.

그러나 어둠의 3요소 성향이 높은 사람은 첫 대면에서만 다르게 행동하지 않을 것이다. 즉 그러한 사람과 대립하게 되었을 때, 어둠의 3요소의 특징을 알고 있으면, 처음부터 어둠의 요소들이 보이기도 한다.

물론 첫 만남만으로 그 사람을 판단해서는 안 되며, 실제 어둠의 3요소 성향이 높더라도 원활한 인간관계를 구축하여 친구들에게 인기가 있는 사람도 적지 않다. 따라서 굳이 처음부터 경계의 눈초리로 바라볼 필요도 없으며, 오히려 과도한 경계는 좋은 인간관계를 스스로 먼저 망칠 수도 있다.

어디까지나 상대방이 어떤 인물인지 단서를 손에 넣고 그것을 활용할 가능성을 얻는 것을 목적으로 한다.

지금까지 어둠의 3요소를 알아둘 때의 장점을 살펴봤다. '어둠'

이라고 불리는 세 가지 퍼스낼리티에도 단점이 있는가 하면, 장점도 있다. 다음 제2장에서는 그 겉과 속을 바라보는 관점에서 각 퍼스낼리티를 파헤쳐보도록 하자.

제2장

3인의 악마와 가면 속 얼굴

연구에 있어서 어둠의 3요소는 '좋다/나쁘다'로 평가해선 안 된다고 썼지만, 실상 어둠의 퍼스낼리티라고 하면 나쁜 면만 강조되어 사악한 이미지를 떠올리기 쉽다.

따라서 내가 이 책을 읽는 독자에게 가장 우려하는 점은 '저 사람은 어둠의 3요소 성향이 높다'고 단정 지으며 그 사람의 인격 전체를 부정해버리는 일이다.

물론 범죄 등으로 사람들에게 해를 가하거나 인간의 존엄성을 짓밟는 사람은 경계할 필요가 있지만, 독단적 혹은 고압적이거나 자기중심적이라는 느낌이 든다고 그 사람에게 바로 '어둠의 3요소'라는 꼬리표를 붙여 멀리하는 것은 건전한 커뮤니케이션이라고 할 수 없다. 솔직히 학교나 회사 등 사회에서는 아무리 싫은 사람이라도 함께해야 하는 상황이 얼마든지 있다. 심지어 자신 또한 다른 사람에게 그렇게 보일 가능성이 있다는 것도 인식해야 한다.

그래서 이번 장에서는 어둠의 3요소에 반드시 부정적인 측면만 있지 않다는 점을 알려주기 위해 각 퍼스낼리티의 장단점, 그리고 그 특성에 직면할 때의 고충 등에 대해 함께 생각해보도록 하자.

리더의 위치에 올라가는
사람이 많다
- 나르시시스트의 장단점

첫 번째로 나르시시즘에 대해 분석해보자. 나르시시즘은 과대성, 인정욕구, 칭찬 욕구가 강하다는 특징이 있다. 특히 과대성은 자기 자신을 과도하게 긍정적으로 포장하는 경향이라고 말할 수 있다. 그래서 나르시시스트(나르시시즘이 높은 사람)는 불안이나 우울감을 크게 느끼지 않고 여유가 넘치며 정신적으로 건강한 편이다.

그리고 자신이 하는 행위는 정당하고 옳다고 생각하므로 자신감을 가지고 강한 정신력으로 활동한다. 이것은 주변에서 봤을 때 매력적으로 비쳐 인기를 얻으므로 사회적으로도 높은 위치에 올라가기도 한다.

여러분 주변에도 자랑만 늘어놓거나 스스로 인기가 많다고 생각하는데, 실제로도 자신감 넘치고 이 사람이라면 뭐든 다 할 수 있을 것 같은 사람이 있을 것이다.

이처럼 나르시시즘, 특히 강한 과대성은 사회에서 긍정적으로 작용하는 경우가 많다.

따라서 실제 자질이 어떨지 모르지만, 리더라는 지위에 오를 가능성이 높다.

중요한 건 본인의 나르시시즘이 높다는 점과 사람들이 그 인물을 어떻게 바라보느냐에 있다.

나르시시즘이 강한 사람은 높은 지위나 리더십이 필요한 포지션을 차지하는 것을 중요하게 여긴다. 바로 사람들에게 칭송받고 대접받는 것이 허락되고, 권력을 얻어 자기 마음대로 만사를 결정할 수 있는 포지션이다. 그 포지션은 나르시시즘이 강한 사람이 원하는 요소로 가득 차 있기 때문이다.

그리고 나르시시즘이 강한 사람은 사람들이 봤을 때 자신감 넘치며 모두를 이끌어가는 힘이 있으며, 유능한 사람으로 인식된다. 즉 리더로서 자질을 갖춘 인재로 비친다. 그래서 결과적으로 나르시시즘이 강한 사람은 높은 지위나 리더십이 필요한 포지션을 얻게 된다.

이러한 카리스마는 일반적인 대인관계, 특히 처음 대면하는 상대나 관계를 맺는 첫 단계, 한시적인 관계에서 긍정적인 효과를 발휘한다. 한마디로 긍정적인 기운을 주는 좋은 사람이라는 첫인상을 준다.

하지만 나르시시즘에는 '취약성'이라는 특징이 있다고 앞서 소개한 바 있다. 이러한 특징이 강한 사람들은 자기가 생각하는 자신의 유능한 이미지와 주변 사람들의 반응 혹은 대우에 차이를 느끼기 쉬우며, 오히려 불안이나 스트레스를 느껴 정신적으로 건강하지 못하기도 한다. 이러한 사람도 여러분 인생에서 만난 경험이 있을 것이다.

처음 만났을 때, 이 사람은 무엇이든 잘할 것 같은데 왜 의미 없는 대접을 받는지 의아해했을지도 모른다. 그러한 의미에서 나르시시즘의 취약성이 높은 사람은, 적어도 초기 단계에서는 다른 사람의 동정을 구하고, 무엇이든 편의를 취하며 덕만 보려는 면이 있을지도 모른다. 회사 내에서는 그렇게까지 유능하지 않다는 사실을 모두가 알고 있는데, 어떻게 된 일인지 큰 계약 건을 성사해오는 사람이 있다. 그럼에도 사람들에게 외면받는 자신의 딱한 상황을 털어놓는 그 사람에게 밥을 사주거나 위로해준 경험이 있는 독자도 있을 것이다.

성공하기 쉽고, 연봉이 높다? - 나르시시스트의 장단점

리더의 포지션에 있는 사람이 많고, 그 특징에서 승진·성공을 추구하는 경향이 있는 나르시시스트는, 연봉도 높은 경향이 있다. 생각해보면 당연하지만, 다른 사람에 비해 달성 욕구가 강하기 때문에 성공하기 쉬우며, 따라서 연봉도 높아지는 것으로 추측된다.

그리고 나르시시스트의 '나는 무엇이든 할 수 있다'라는 자신감(자기효능감이라고 하기도 한다)이 연봉에 영향을 준다는 연구 결과도 있다.

히르쉬와 옌쉬(Hirschi & Jaensch, 2015) 연구진이 독일 내 연구 참여자 314명의 자료를 분석한 결과 나르시시즘과 연봉의 크기 사이의 관련성을 확인했는데, 이것은 나르시시즘의 다양한 특징 중에서도 자기효능감에서 기인한 결과라는 것을 알아냈다. 독일 내 793명의 참여자를 분석한 연구에서도 나르시시즘이 높은 사람일수록 연봉이 높은 것으로 나타났다.

관련성의 초콜릿 케이크 이론 - 나르시시스트의 장단점

계속적 맥락, 예를 들어 상대방을 더 알게 되거나 관계가 오래되면 나르시시즘의 부정적인 측면이 서서히 주위에 드러난다.

예를 들면 자신을 지나치게 긍정적으로 평가한 탓에 과할 정도로 이기적인 경향을 보이거나 다른 사람을 착취하려는 모습을 보인다. 내면적인 부분에서도 나르시시즘은 '과대하게' 자신을 두둔하는 특징뿐만 아니라 작은 일에도 '실패한 모습'을 보이고 싶지 않은 '취약한' 특징도 있다. 이 때문에 실패를 숨기려 하거나

| 제2장 | 3인의 악마와 가면 속 얼굴 |

'나르시시즘 악마'의 민낯

과대성, 특권의식, 자기현시성이나 주목·칭찬 욕구

- 자기 자신을 긍정적으로 인식하기 때문에 마음에도 여유가 넘치며 정신적으로 건강하다.
- 무슨 일이든 자신감이 있고 기운이 넘치며, 그 모습이 주위에도 매력적으로 비친다.
- 사회적으로 높은 지위와 연봉을 받는 경향이 있다.
- '긍정적인 기운을 주는 유능하고 좋은 사람'처럼 첫인상이 좋다.
- 타인과의 관계성을 유지하려고 한다.
- 남녀 모두 연애 대상으로서 높게 평가 받는다.

- 취약성이 높은 경우, 불안과 스트레스를 느껴 정신적으로 건강하지 못한 경우가 많다.
- 이기적이며, 다른 사람을 착취하려고 한다.
- 관계가 길어지면 긍정적인 평가가 서서히 줄어든다.

갖은 핑계를 대며 회피한다. 그리고 자신을 긍정적으로 인정해 주는 사람이 없으면 감정이 불안해지는, 이른바 뒷일은 생각하지 않는 행동을 취한다는 특징도 있다.

요컨대 사람들이 처음 느꼈던 인물상(초기 단계에서 '쌓은' 인물상)의 표면이 벗겨지고, 본인 입으로 말할 정도로 유능하지 않다는 사실이 들통나게 된다.

이것을 '관계성의 초콜릿 케이크 이론'이라고 말한 사람도 있다 (Campbell et al., 2011). 초콜릿 케이크처럼 처음에는 굉장히 자극적이고 달콤하지만 계속 먹다 보면, 즉 관계가 장기적으로 지속되면 긍정적인 감각이 서서히 사라지는 것을 표현한 말이다.

따라서 나르시시즘이 높은 것에 따른 긍정적인 측면과 부정적인 측면이라는 양면의 관계가 있다고 말할 수 있다.

나르시시즘이 강한 대표적인 캐릭터

이 책 제목에 들어간 '악마'를 보며, 다양한 악마가 등장하는 만화 『체인소 맨』을 떠올리는 사람도 많을 것이다. 그 『체인소 맨』에서 나르시시즘이 강한 캐릭터에 주목해보자.

사실 『체인소 맨』에서는 어둠의 3요소 각 요소 모두가 확연하게 높은 캐릭터가 누구인지 꼭 집어 말하긴 어렵지만, 어느 한 요소가 뚜렷하게 높은 캐릭터는 등장한다.

나르시시즘이 높은 캐릭터로는 '파워(피의 마인)'를 들 수 있다. 거짓말쟁이에, 무책임하고, 잘된 일은 모두 자신의 덕이라며 허세 부리지만, 잘못된 일은 다른 사람 탓이라며 책임을 전가한다. 그리고 항상 주목받고 싶어 한다. 주목받는 방식 역시 자신을 재밋거리로 삼기보다는 자신의 대단함을 어필하는 식이다. 하지만 다른 인물과의 관계성은 의외로 중요하게 여긴다. 이러한 특징에서 파워는 전형적인 나르시시즘이 높은 캐릭터라고 할 수 있다.

그 외에도 인기 만화 『원피스』에도 나르시시즘이 높은 캐릭터가 등장하는데, 주로 주요 인물들의 존재감을 강조하기 위해 잠깐 등장했다가 퇴장하는 캐릭터로 나오는 경우가 많다.

그 이유는 나르시시즘은 남들보다 뛰어나다는 감각을 통해 처음으로 인정이나 칭찬을 실감하기 때문이다. 그래서 주위에 누군가 있으면 대등한 관계보다는 자신의 들러리나 부하가 될 사람이 필요하다. 그 예로 초반에 등장하는 헤르메포나 풀보디, 처음 등장했을 때의 베라미, 날치 라이더즈의 듀발을 들 수 있다.

희생양 역할은 아니지만, 해적 여제인 '보아 행콕' 역시 첫 등장 때를 보면 나르시시즘이 높은 특징을 갖추고 있다고 볼 수 있다.

리더가 되기에는 유리하지만… - 마키아벨리안의 장단점

다음은 마키아벨리즘에 대해 살펴보도록 하자.

앞서 설명했듯이 마키아벨리즘은 전술적인 대인 조작(숙려적·계획적 대인 조작), 냉소적인 세계관, 도덕관의 경시 등의 특징을 보이는 퍼스낼리티다. 그래서 자신의 이익을 위해 타인을 앞지르려 하며, 자기중심적 행동이 요구되는 상황에서는 자신에게 유리하도록 움직인다.

반면 타인과의 협력을 통해 이익을 얻는 팀워크가 필요한 상황에서는 오히려 분란을 일으킬 가능성이 있다.

특히 마키아벨리즘은 윤리적, 도덕적 행동의 맥락과 함께 조직에서 특징적인 경향을 드러내는 퍼스낼리티로서 많은 연구가 진행되어 왔다. 조직 내 마키아벨리즘의 긍정적·부정적인 포인트에 관한 연구가 몇 가지 있다.

마키아벨리즘의 특징에서 알 수 있듯, 마키아벨리안 자신이 리더로서의 위치에 오르기까지 그 특징은 유리하게 발휘된다.

나르시시스트가 '나는 대단해, 인정받아 마땅한 존재니까 당연히 리더는 내가 되어야 해'라는 생각에서 리더의 지위를 얻으려 한다면, 마키아벨리안은 '풍요로운 삶을 위해 돈을 더 많이 벌어야 하는데, 그러려면 높은 직급과 명성을 얻어야만 한다'라는 이유에서 리더의 지위를 노린다.

행동으로서는 나르시시즘과 같은 결과를 가져올 수 있지만, 나르시시즘이 리더십 포지션에 대해 '내가 있어야 할 자리'라고 인식하는 반면에, 마키아벨리안은 '부를 위한 수단'으로 인식한다는 점이 특징적이다. 어느 쪽이든 리더십 포지션을 손에 넣고자 하는 욕구가 결과적으로 실제 리더십 포지션에 오르기 쉽게 만든다.

그리고 애초부터 리더에게는 주로 팀의 관계성 유지와 퍼포먼스에 공헌한다는 두 가지 역할이 있다. 관계성 유지는 부하의 상담을 들어주거나 타인의 마음을 이해하며 좋은 관계를 구축할 필요가 있다. 한편 퍼포먼스는 부하에게 지시함으로써 전체를 아우르는 사령탑 역할이 요구된다. 이러한 점을 생각하면 마키아벨리안은 두 역할 중 퍼포먼스를 중시하는 리더에 해당한다. 왜냐하면 마키아벨리안은 다른 사람에 대해 냉담하기도 하지만 전략적으로 조종하는 특징이 있기 때문이다. 물론 효과적이고 적절하게 타인은 움직이기 위해서는 기초적인 능력이 필요하지만 말이다.

하지만 마키아벨리안이 리더의 위치에 올랐다고 해서 반드시 전체의 퍼포먼스가 좋아지지는 않는다는 사실이 많은 연구를 통해 밝혀졌다. 특히 마키아벨리즘이 높은 상사는 조직 내에서의 문제 행동(부정행위나 조직 내에서의 공격성 등)을 쉽게 보이며, 전체의 퍼포먼스를 끌어내린다는 지적도 있다.

조직 내에서의 문제 행동으로서는 구체적으로 직장 내 괴롭힘, 생산 효율의 방해(부정확한 일처리, 누락), 업무 태만, 사내에서의 절도, 지각·결근 등으로 나뉘는데, 무엇이든 마키아벨리즘이 높으면 이러한 성향을 보이기 쉽다.

부하에 대한 괴롭힘(갑질 등)을 저지를 가능성도 있으며, 특히 상사가 권력을 동반하는 위치에 있거나 상사 스스로 권력이 있다고 느낀다면 그러한 경향은 더욱 현저해진다.

그리고 마키아벨리즘이 높은 리더의 조직은 이익만을 추구하고, 일의 보람이나 인간관계는 경시하며 그 성향이 부하에게도 전파된다. 그 결과 부하 역시 이익만을 추구하는 성향이 높아져 서로 협력이나 인간관계를 저하하기도 한다.

즉 전형적인 갑질 상사는 마키아벨리즘이 높은 사람일지도 모른다.

마키아벨리안이 리더로 적합한 조직과 적합하지 않은 조직

이러한 특징들을 고려하면 명확한 리더나 규칙이 없고, 조직 내

역할이 불분명한 '비구조적 조직'에서는 마키아벨리즘이 효과적으로 작용할지도 모른다.

왜냐하면 이러한 조직은 창업한 지 얼마 되지 않았거나 일시적으로 형성된 그룹인 경우가 많으며, 어떻게든 이익을 최대한 창출하는 것을 중요한 과제로 삼는다. 그렇기 때문에 마키아벨리즘 리더십 스타일이 적합한 것이다.

반면에 지휘 계통이나 규칙, 각자의 역할 분담이 명확한 '구조화된 조직'에서 마키아벨리즘은 오히려 방해가 될 수도 있다. 이러한 조직은 안정적인 이익 창출이 중요한 과제이며, 이를 위해 팀 내 협력이 요구되기 때문이다.

마키아벨리안이 사회에서 올바른 행동을 취하는 상황 - 마키아벨리안의 장단점

마키아벨리즘이 높은 사람도 사회적으로 올바른 행동을 하기도 한다. 그것은 '그러한 행동을 통해 금전이나 명성과 같은 이익을 얻을 수 있는 경우'이다.

달턴과 라트케(Dalton & Radtke, 2013)는 MBA 학생 116명을 대상으로 연구를 진행했는데, 실험에서 '조직 내 부정행위를 알게 되었다'라는 상황을 설정하여 마키아벨리즘이 높은 사람 중 몇 명이나 이 상황에서 내부고발을 할지에 대해 검증했다.

이 실험에서 연구진은 시나리오를 읽고 그 장면을 상상하게 한 뒤, 상황 판단에 대한 개인차가 어떠한 관련을 보이는지 확인하는 실험방법을 사용했다.

참가자는 제일 먼저 동료가 뒷돈을 받는 사실, 그리고 그 행위가 회사의 윤리규정에 어긋난다는 것을 알게 되는 시나리오를 읽는다. 그리고 참가자를 반으로 나눈 후, 각각 다음의 두 가지 조건이 추가된 시나리오를 읽는다.

윤리적 환경 조건

시나리오 속 회사가 윤리규정을 중시하고 있으며, 일 년에 한 번 사내 윤리 연수 세미나를 실시하고 있다. 또한 부정행위를 보고하는 등의 윤리적 행동이 인사고과나 급여 평가에도 영향을 주는 기업에서 일어난 일이라는 점을 상상하게 하는 시나리오를 읽는다.

비윤리적 환경 조건

시나리오 속 회사에 윤리규정이 있기는 하지만, 허울에 불과하며 윤리 연수 등은 실시하고 있지 않다. 인사고과나 급여 평가와도 관련이 없는 기업에서 일어난 일이라는 점을 상상하게 하는 시나리오를 읽는다.

그 후 참가자 전원은 동료의 부정행위를 고발할 마음이 어느 정도 있는지 대답했다. 실험 결과, 전체적으로 마키아벨리즘이 높으면 내부고발을 꺼리지만, 윤리적 환경 조건에서는 마키아벨리즘이 높든 낮든 비슷한 수준으로 내부고발 의지를 보였다.

그 외에도 헝가리 내 의료계 대학생을 대상으로 한 벨레키 외 연구진(Bereczkei et al., 2010)의 연구에서는 마키아벨리즘이 높은 사람은 무료 자선활동(이 연구에서는 지적장애인의 지원, 헌혈 운동에 주목했다)을 꺼리는 경향을 보였지만, 다른 사람들이 지켜보는 상황(즉, '저 사람은 좋은 사람이다'라는 평판을 얻을 가능성이 있는 상황)에서는 마키아벨리즘이 낮은 사람과 비슷한 정도로 자선활동에 참가하겠다는 의사를 내비쳤다.

이 결과에서 알 수 있듯 마키아벨리즘이 높은 사람의 사회적으로 바람직한 행동(여기에서는 봉사활동 참가나 내부고발)은 그 행동 자체를 좋다고 생각하는 것이 아니라 다른 사람에게 좋은 평가를 얻거나 손해나 처벌을 피하기 위한 수단으로서 나타난 행동이다.

당근과 채찍을 적절하게 활용하는
조종 전략
— 마키아벨리안의 장단점

마키아벨리안은 조직 내에서 다른 사람을 자기 생각대로 움직이기 위해 조종 전략도 상황에 맞게 적절히 활용할 가능성이 있다.

조종 전략에는 가벼운 농담을 하거나 치켜세우는 '온건한' 방법과 처벌이나 협박하는 등의 '과격한' 방법이 있다.

요나손 외 연구진(Jonason et al., 2012)이 구직자·학생·일반인을 대상으로 한 연구에 따르면 어둠의 3요소는 온건하거나 과격한 전략과 모두 관련이 있다. 하지만 특히 나르시시즘이 높은 사람일수록 온건한 전략을, 사이코패시가 높은 사람일수록 과격한 전략을 선택하기 쉽다고 한다. 한편 마키아벨리즘이 높을수록 두 가지 방법 모두를 쓰는 경향이 있는 것으로 드러났다. 이 연구 결과에서 미루어 보았을 때 마키아벨리즘은 상황에 맞춰 행동을 선택한다.

즉 마키아벨리즘 근저에 있는 '자기 이익 추구를 최우선으로 하는' 성향은, 상황에 따라 손해가 될 만한 일은 하지 않는다는 걸 알 수 있다. 바꿔 말하면 마키아벨리즘은 상황에 맞춰 행동을 유연하게 선택한다.

특히 마키아벨리즘은 사이코패시와 달리 충동성을 제어하는 경향이 비교적 높으며, 벌(평판을 떨어뜨리거나 이익을 잃고 손해를 입는 등)에 민감하다. 따라서 상황에 따라 자신의 이익 추구를 방해하는 행동은 하지 않으려는 경향이 있다고 지적된다(Jones & Mueller, 2021).

다만 '능숙하게' 그 상황을 컨트롤하기 위해서는, 그 상황을 객관적으로 파악하는 기초적인 능력이나 지식이 필요하다. 갑질 하는 상사임에도 불구하고 어떤 이유에서인지 부하직원들이 존경하는 모습 등을 본 적 있을 것이다. 이런 사람은 어쩌면 당근과 채찍을 능숙하게 다룰 줄 아는 사람일지도 모른다.

마키아벨리즘이 강한 대표적인 캐릭터

『체인소 맨』의 주요 캐릭터 중 '마키마'는 마키아벨리즘의 특징이 굉장히 잘 반영되었다고 할 수 있다. 충동적이지 않고 계획적이며, 자신의 목적을 달성하기 위해서라면 수단과 방법을 가리지 않는다.

실제로 오랫동안 사이좋게 지내던(혹은 지내는 듯 보이던) 관계도 목적 달성을 위해서라면 뒤도 돌아보지 않고 끊어버릴 수 있

'마키아벨리즘 악마'의 민낯
전략적인 타인 조작성, 냉소적인 세계관, 도덕관의 경시

- 리더십 포지션을 차지하기 유리하다.
- '비구조적인 조직'에서는 그 자질이 효과적으로 발휘된다.
- 좋은 평가를 얻기 위해 혹은 손해를 입지 않기 위해서라면 자선활동도 수단으로 삼는다.
- 충동성을 억누를 수 있기 때문에 상황에 맞춰 당근과 채찍을 나누어 사용할 수 있다.
- 흐린 날에는 자신감 있는 모습으로 상대방에게 긍정적으로 비친다.

- 팀워크가 잘 안된다.
- '구조화된 조직'에서는 부정행위나 갑질 등으로 다른 사람에게 해를 가하기 쉽다.
- 커리어에 관한 만족감이 낮다.
- 타인을 도구로 이용하려 한다.

으며, 주인공 '덴지'나 그 외 부하를 교묘히 이용해 자신의 목적을 실현하려고 한다. 그리고 그 과정에서 죄책감이나 주저함은 전혀 없다.

만화 『원피스』에서도 마키아벨리즘이 높은 캐릭터를 찾아보자. 마키아벨리즘의 특징에서 알 수 있듯이 계산적이고 냉철하며 타인(그 사람이 같은 편이라 하더라도)의 희생에 주의를 기울이지 않는 캐릭터라고 할 수 있겠다.

이 점을 생각하면 등장인물 중 하나인 '마샬 D. 티치'는 전형적인 마키아벨리안이다. 흰 수염 해적단에 속해 있던 것도 그저 수단에 지나지 않았으며, 검은 수염 해적단의 구성원은 마음을 함께하는 동료라기보다는 목적이 같은 수단으로서의 파트너다.

해군본부 대장 중 하나인 '아카이누(사카즈키)'도 목적을 위해서라면 수단을 가리지 않는 전형적인 마키아벨리안이라고 할 수 있다.[1]

---

1 본래 마키아벨리즘은 자신의 이익을 위해 행동하는 것이 특징이지만, 아카이누의 행동은 개인의 이익이 아니라 철저하게 정의 구현을 위한 것이다. 그러한 기준으로 보면 마키아벨리즘의 전형적인 예로 보기에 다소 무리가 있다.

삶의 괴로움을 느끼지 못한다 - 사이코패스의 장단점

사이코패시는 단독으로 다루는 경우와 어둠의 3요소 구성 요소로 다루는 경우, 각각 의미가 달라질 수 있다고 제1장에서 소개했다.

어둠의 3요소로서 다룰 경우 과도한 자기중심성, 냉담함, 타인 조작성처럼 어둠의 3요소의 공통적인 특징과 더불어, 충동성, 반사회성처럼 타인은 물론 자신조차 어떻게 되든 상관없는, 그리고 애초부터 그 자체를 고려하지 않고 그 자리에서의 욕구를 아무 생각 없이 행동으로 옮기는 특징이 있다. 이는 일상생활에 있어서 사회적인 문제로 이어지기 쉬운 탓에, 사이코패시가 높은 사람에게 현대사회는 살아가기 힘든 세상일 수도 있다. 그렇다고 하더라도 사이코패시가 높은 사람은 욕구에 충실하며 실패해도 후회하지 않는다. 따라서 당사자는 삶의 괴로움을 느끼지 못한다고 볼 수 있다.

스포츠에서 발휘되는 사이코패시 - 사이코패스의 장단점

사이코패스의 특성은 경쟁에서 남들보다 우위에 설 필요가 있는 상황에서 그 힘이 발휘될 가능성이 있다.

구체적으로 스포츠를 예로 들 수 있다. 스페인에서 진행된 운동선수에 관한 연구에 따르면 아마추어보다는 프로 선수들이 사이코패시 성향을 포함한 어둠의 3요소 성향이 높으며, 경쟁에서 이기거나 실패하지 않으려는 욕구가 강한 것으로 드러났다(González-Hernández et al., 2020). 또한 제4장에서 소개할 '일상적 사디즘'(타인을 상처입히거나 상처 입는 모습을 보는 것을 즐기는 성향 → 152쪽)도 어둠의 3요소와 밀접한 관련이 있으며, 스포츠에서의 성취도가 높은 경향이 있다고 지적되고 있다.

농구선수를 대상으로 한 조사에서는 사이코패시를 포함한 어둠의 3요소 성향이 높을수록 성과(자유투 성공률)가 우수한 것으로 나타났다(Vaughan & Madigan, 2020). 또한 이 성과들은 어둠의 3요소의 과도한 경쟁심리(예: 무엇이든 이기는 것이 중요하다고 여기는 성향)나 경쟁에 따른 자기 향상 지향(예: 자신의 새로운 능력을 발견할 수 있는 경쟁은 즐겁다고 생각하는 성향)에서 비롯된 것으로 분석되고 있다.

사이코패시가 높은 사람은 타인에게 경쟁적인 동시에 쉽게 싫증을 내고 자극을 추구하므로, 스포츠 맥락에서 보면 그 특성이 긍정적으로 작용한다고 볼 수 있다.

성공한 사이코패스, 스티브 잡스 - 사이코패스의 장단점

어둠의 3요소 구성 요소로서가 아닌 사이코패시를 단독으로 연구한 결과에 따르면, '성공한 사이코패스[2]'라는 개념이 있다. 이 개념은 범죄나 사회적 일탈을 드러내지 않거나 사회적으로 표면화되지 않도록 행동하며, 높은 지위에 오르거나 사회적 성공을 노리는 사이코패스를 가리킨다.

이와 관련해 기업경영자의 사이코패시 기질이 높을 가능성에 관한 연구가 있다(Babiak et al., 2010).

이 연구에서는 기업경영자(CEO, 간부, 관리자 등 높은 지위에 있는 사람)와 일반인 표본을 대상으로 사이코패스 평가지표 득점 분포를 비교했다. 이 평가지표는 PCL-R(Psychopathy Chercklist-Rivised, 사이코패스 진단을 위한 체크리스트)을 바탕으로 하며, 극단적으로 높은 사이코패시, 즉 진단으로서의 사이코패스인지 아닌지를 측정할 수 있다.

대부분의 사람은 사이코패스라고 진단받을 정도가 아니므로 득점 분포가 낮았다. 24점 만점 중 일반인 표본의 70% 이상이

---

2 '성공한 사이코패스'는 진단명으로서의 '사이코패스'를 가리킨다고 생각해도 무방하다.

0~3점으로, 기업경영자 표본 중 80% 이상이 0~3점이었다. 이 결과에서만 보면 기업경영자는 오히려 사이코패시 기질이 낮다고 판단할 수 있다.

하지만 16점 이상의 고득점자 중 일반인 표본은 1.2%밖에 안되는 반면에 기업경영자 표본에서는 5.9%나 있었다. 그리고 이 평가지표에서 18점 이상이면 사이코패스라고 진단하는데(그레이존은 13점 이상 18점 미만), 이 정도 수준을 득점한 사람은 일반인 표본에서는 0.2%였던 것에 반해 기업경영자 표본에서는 3%였다.

즉 기업경영자 중에는 사이코패시 기질이 '사이코패스'라고 진단받을 정도로 매우 높은 사람이 일반인보다도 많으며, 이러한 사람들은 사이코패시가 높아도 사회에 잘 적응하는 사람들, 즉 성공한 사이코패스라고 할 수 있다.

여러분도 잘 알고 있는 애플의 스티브 잡스도 사실은 성공한 사이코패스라고 말하는 사람도 있다(Quow, 2013).

성공한 사이코패스는 동정심에 휩쓸리지 않고, 필요 없다고 판단되는 사원은 가차 없이 잘라버릴 수 있어, 결과적으로는 성공을 거둘 수 있었을지도 모른다.

두려움을 모르면 성공한다? — 사이코패스의 장단점

성공한 사이코패스 사례가 있기는 하지만, 전체적으로 사이코패시 기질이 높은 사람이 직업적인 의미에서 성공할 가능성이 높은 걸까?

직장에서의 성공은 객관적인 성공과 주관적인 성공(만족)으로 구별할 수 있다. 전자는 급여의 크기, 승진, 지위 등에 해당하며, 후자는 만족감이다. 한 연구에서 객관적·주관적 성공이 사이코패시와 관련성이 있는지 477명의 직장인을 대상으로 검증을 진행했다(Eisenbarth et al., 2018).

단, 이 연구에서는 앞서 서술한 사이코패시의 1차적 특징·2차적 특징의 두 가지 측면을 바탕으로 하지 않았다. 대신 ①두려움 없는 지배성(fearless dominance, 위험한 일이라도 자신이라면 괜찮다고 여기는 과대성을 동반한 적극성 등), ②자기중심적 충동성(self-centered impulsivity, 사이코패시 2차적 특징에 해당하는 측면), ③냉담함(coldheartedness, 사이코패시 1차적 특징 중 냉담함 등의 감정적 측면)의 세 가지 측면을 가정하는 모델을 바탕으로 진행되었다. 1차적 특징인 냉담함에 관한 측면과 과대한 자기 가치관과 관련된 측면을 분리했다고 가정하여 측정 및 분석한 결과, 사이코패

시의 '두려움 없는 지배성' 측면이 높을수록 객관적 성공, 주관적 성공 모두가 높은 경향을 보였다.[3]

반면 사이코패시의 '자기중심적인 충동성' 측면이 높을 때 주관적 성공은 오히려 낮아지는 것으로 밝혀졌다. 이 측면은 타인에 대한 적개심 등도 포함하는데, 이 측면이 높은 사람은 회사나 동료에게 본래 자신이 받아야 할 대우가 미흡하다고 여기거나 부당한 취급을 받고 있다고 생각할지도 모른다.

3,388명의 일반인을 대상으로 한 연구에서도 관리자 입장에 있는 사람일수록 그렇지 않은 사람보다 사이코패시의 두려움 없는 지배성 측면이 높았다. 또한 위험성을 수반하는 직업군(예: 경찰, 소방관 등)에 있는 사람은 그렇지 않은 사람보다 사이코패시 성향이 더 높게 나타났다(Lilienfeld et al., 2014).

이러한 직업군에서는 특히 사이코패시 성향이 긍정적으로 작용할 가능성이 있다고 볼 수 있다.

---

3   이러한 관련성은 각 측면을 통제한 편회귀계수에서도 유지되었다. 다만 빅 파이브 성격 이론을 통제 변수로 추가하여 포함하면, 두려움 없는 지배성과 주관적·객관적 성공과의 관련 편회귀계수는 의미가 없어지며, 대신 외향성과 '양의 상관관계'를 보였다. 사이코패시의 두려움 없는 지배성 측면과 성공과의 관련성은 두려움 없는 지배성의 독자적인 요소라기보다는 이 측면과 공통된 외향성의 요소가 영향을 주는 것일지도 모른다.

혁신적인 대통령은 사이코패스? - 사이코패스의 장단점

다른 연구에서는 미국 대통령의 퍼스낼리티와 퍼포먼스의 관련성에 관하여 검증이 진행되었다(Lilienfeld et al., 2012).

여기에서 미국 대통령에 대해 잘 알고 있는 121명이, 42명의 미국 대통령(조지 W. 부시 대통령까지)의 퍼스낼리티를 평가했다.[4] 그리고 각 대통령의 성과에 대해서도 62명의 대통령 역사 연구자(그중 54명은 퍼스낼리티 평가자와는 다른 사람이다)가 평가했다.

분석 결과 사이코패시의 두려움 없는 지배성 측면이 높은 대통령은 전체적으로 성과가 높다고 평가되었다. 특히 공적인 설득력, 위기관리, 과제 설정, 의회와의 관계 등의 영역에서 힘을 발휘하는 것으로 확인됐다.

한편 도덕적 권한, 경제관리, 국제관계, 행정, 공평성 추구 등의 영역에서는 두려움 없는 지배성 측면과 그 외 사이코패시와의 관련성은 보이지 않았다. 이 결과는 연구진의 제2 연구에서 다른 지표를 이용한 경우에서도 재현되었다. 성공한 사이코패스에게는 두려움 없는 지배성 측면이 특히 중요하다고 볼 수 있다.

---

4 또한 이 평가에서는 사이코패시를 직접적으로 측정하지 않고, 평가된 빅 파이브 성격 이론을 변환하여 유사한 사이코패시나 각 측면의 득점을 산출했다.

대통령 중에서도 특히 사이코패시가 높았던 사람은 시어도어 루스벨트, 존 F. 케네디, 프랭클린 루스벨트 같은 인물이었다. 그들이 일반인이라면 주저할 법한 혁신적인 정책을 펼친 것은 분명하다.

영웅과 범죄자는 종이 한 장 차이? - 사이코패스의 장단점

한편 사이코패시의 충동성에 관한 측면은 부정적인 결과를 초래하기 쉽다. 거꾸로 말하면 충동성의 부정적인 측면이 낮은 경우, 사이코패시의 냉담함이나 과대성(두려움 없는 지배성)이 성공으로 이어질 가능성이 있다고 여겨진다.

그러나 충동성 측면이 반드시 부정적이기만 한 것은 아니다.

2004년 수마트라 지진으로 태국 해안 지역에 해일이 발생했을 때 20명을 구조한 32세 호주인 사업가의 사례(이후 폭행 및 침입 강도로 체포), 런던에서 발생한 테러 공격으로 폭발한 버스에서 목숨을 구한 공으로 명예로운 상을 받은 41세 소방관의 사례(이후 코카인 조직에 관여한 혐의로 실형을 받음)가 있다.

이들은 '자신은 어떠한 상황에서도 괜찮다'(과대성·두려움 없는 지배성)라는 감각과 더불어, 전후 사정은 생각하지 않고(충동성)

거친 바다로 뛰어들거나 불길 안으로 서슴없이 돌진할 수 있었을 것이다. 그리고 같은 이유로 범죄에 관여했을 가능성도 있다. 즉 사이코패시의 특징은 상황에 따라 긍정적으로도, 부정적으로도 작용한다.

그렇다면 일반적으로 사이코패시는 영웅적인 행동(영웅주의)과 관련이 있을까? 스미스 외 연구진(Smith et al., 2013)은 이 물음에 대해 대학생 표본(124명의 표본과 119명의 표본)과 일반인 표본(457명)을 대상으로 검증하였는데, 사이코패시가 높을수록 영웅주의 성향이 높다는 것을 알아냈다.

이 연구에서는 일상에서 벌어지는 상황에 대한 영웅적 행동의 빈도를 측정하는 척도('모르는 사람이 다쳤을 때 어떻게 대처하는지', '범죄자를 쫓아가는지' 등)를 사용해, 일상적인 영웅주의 성향을 측정했다.[5]

또한 이타성에 관한 척도도 동시에 측정했다. 이것은 두 가지 측면으로 구성되었는데, 하나는 자선 활동적 측면('자선단체에 기부한 적이 있다', '헌혈한 적이 있다' 등), 다른 하나는 일면식 없는 타

---

[5] 이러한 항목은 자신을 잘 보이게 하려고 거짓으로 대답할 가능성이 있다. 따라서 '상어 입에서 사람을 구해낸다' 등의 말도 안 되는 미끼 항목이 포함되어 있다. 이에 '경험한 적이 있다'라고 응답할 경우, 그 사람은 자신을 과시하기 위해 거짓말을 하는 사람으로 간주하고 검출하여 분석에서 제외할 수 있다.

인에 대한 구조 행동 측면('눈이나 진흙 웅덩이에 바퀴가 빠진 모르는 사람의 차를 밀어준 적이 있다', '모르는 사람을 차에 태워준 적이 있다' 등)이다.

조사 결과 대학생이든 일반인이든 사이코패시가 높은 사람은 영웅주의 성향을 드러내기 쉬운 것으로 나타났다.

또한 대학생 표본에서는 자선활동으로서의 이타 행동과는 관련성을 보이지 않았지만, 곤란에 빠진 사람을 도우려는 이타 행동의 의도는 확인할 수 있었다. 이것은 언뜻 보기에는 사이코패시의 특징과 모순된다. 하지만 사이코패시 역시 나르시시즘과 마찬가지로 과대성이 있다는 점을 떠올려 보면 쉽게 이해할 수 있다. 즉 이러한 행동들은 주위의 눈을 의식하며 좋은 행동을 하고, 그 행동으로 인해 좋은 사람으로 비쳐 존경받기를 바란다는 의도가 있었다고 할 수 있다.

이것은 자선활동으로서의 이타 행동이 사이코패시와 '관련하지 않는다'라는 점에서도 증명된다. 만약 진심으로 '좋은 일'을 하려 했다면 곤란에 빠진 사람뿐만 아니라 자선활동 중 하나인 기부에도 참여하지 않았을까. 하지만 기부는 기본적으로 익명으로 이루어지며, 누가 얼만큼 기부했는지는 공표되지 않는다. 따라서 자신이 아무리 기부해도 그 선행이나 공로는 인정받기 어렵다.

현실적으로 생각해보면 대형 재해가 발생했을 때, 저명인사 중에는 이름을 숨기고 거액의 기부금을 선뜻 내놓는 사람도 있는가 하면, 굳이 이름을 공개하며 자신의 선행을 선전하는 사람도 있다. 사이코패시가 높은 사람은 전자에는 거의 없다고 봐도 무방하지만, 후자의 경우에는 사이코패시적 자기 과시를 목적으로 하는 사람이 있을 수도 있다.

어느 쪽이든 재해를 입은 사람들에게 거액의 기부금은 도움이 된다. 즉 사이코패시가 높더라도 상황에 따라서는 사회적으로 긍정적인 행동을 취할 수 있다는 말이 된다.

이것은 신체적 특징, 예를 들어 키로 비유하면 이해하기 쉽다. 키가 작으면 농구선수로서는 불리할지도 모르지만, 경마 기수로서는 오히려 유리한 특징이 된다.

사이코패시가 강한 대표적인 캐릭터

마찬가지로 『체인소 맨』의 캐릭터를 생각해보면 사이코패시가 반영된 전형적인 캐릭터는, 마키아벨리즘 혹은 나르시시즘이 반영된 캐릭터보다 전형성이 다소 애매하다.

굳이 찾아보자면 '박쥐의 악마'가 해당할 수 있다. 제멋대로에

제2장 | 3인의 악마와 가면 속 얼굴

'사이코패시 악마'의 민낯
충동적이며 자극을 추구, 반사회적 성향

- 자신의 욕구에 충실하여 실패하더라도 후회하지 않는다.
- 승리를 향한 탐욕으로 인해 스포츠 성취도가 높다.
- 경쟁을 통한 자기 향상 욕구가 높다.
- 사이코패스 중에서도 성공한 사이코패스가 일정 부분 존재한다.
- 두려움을 모르는 성향, 영웅주의 기질은 위험이 따르는 직업에 적합하다.
- 좋은 평가를 얻기 위해서라면 자선활동도 마다하지 않는다.
- 사이코패스 여성은 연애에서 높은 평가를 받는 경향이 있다.

- 충동성이 높아 범죄 등의 사회적 문제로 이어지기 쉽다.
- 커리어를 쌓아 객관적 성공을 거두기 어렵고, 주관적인 만족도 역시 낮다. 사회적 성공도 곤란함으로 일관한다.
- 쉽게 지루함을 느끼기 때문에 어떤 일이든 꾸준히 이어가지 못한다.

거짓말을 잘하며, 타인을 도구처럼 취급한다(작중에서는 '피의 마인'을 도구처럼 이용했다). 또한 앞뒤를 생각하지 않고 충동적으로 행동하기 쉽다는 점이 특징이다.

다시 한번 『원피스』의 캐릭터를 생각해보자.

사실 사이코패시 특유의 요소만 드러내는 캐릭터는 의외로 초반에는 등장하지 않는다. 이야기가 상당히 진행되고 나서야 등장하는 '닥터 호그백'은 자신의 욕구에 충실하며, 충동적인 언행을 하다 결국 패배한다. 또한 제르마66의 '상디 형제'는 과학기술을 바탕으로 사이코패시의 특징이 '장착된' 캐릭터라고 할 수 있다.

어둠의 3요소에서 3개 특성 모두가 높은 캐릭터로는 보스급 캐릭터가 많다. 초반에는 캡틴 크로, 그 후에는 크로커다일 경, 갓 에넬, 돈키호테 도플라밍고 등이 해당한다.

인간관계를 중시하는 나르시시스트

지금까지 어둠의 3요소 각 퍼스낼리티를 장단점이라는 관점에서 파헤쳐보았다. 그렇다면 각 퍼스낼리티를 비교했을 때, 사람들은 어떻게 '평가'할지 생각해보자.

우선 어둠의 3요소 구조를 살펴보면, 나르시시즘은 다른 두 특성과는 달리 다른 사람의 존재나 대인관계를 상대적으로 중요시한다.

마키아벨리즘이나 사이코패시는 주위에 다른 사람이 있는지 없는지는 크게 중요하지 않다. 또한 관계를 맺은 사람이라 하더라도 그저 자신의 목적을 달성하거나 욕구를 충족하기 위한 도구에 지나지 않는다.

하지만 나르시시즘은 자신을 인정해주는 타인의 존재를 상대적으로 중요하게 여긴다.

물론 자신의 이익을 위해 타인을 이용하거나 자신이 주목받기 위해 도구로 취급하는 측면도 있지만, 이는 '타인에게' 자신을 어필하는 성향에서 비롯된 것으로 마키아벨리즘이나 사이코패시의 도구적 취급과는 성격이 다르다.

빅 파이브 성격 이론과는 별개로 일반적인 퍼스낼리티를 나타내 모델 중에는 대인관계에 관한 모델이 있다. 이 모델은 인간관계에 주목하여 타인에 대한 '지배-복종'의 축과 '친밀-냉담'의 축으로 표현되는 2차원 중, 어디에 배치되는지로 퍼스낼리티를 표현한다(〈그림 6〉 참조).

그림 6 대인관계 모델로 본 각 퍼스낼리티의 배치

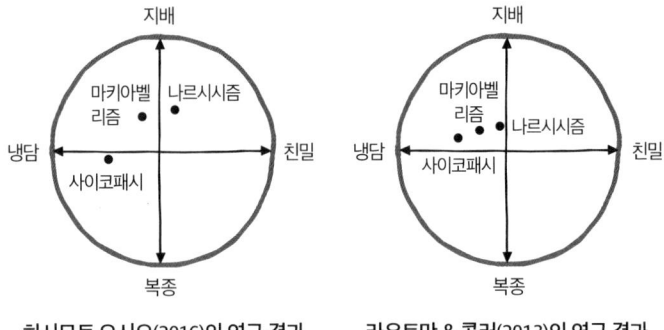

하시모토·오시오(2016)의 연구 결과   라우트만 & 콜러(2013)의 연구 결과

- 세로축은 자기 지향성(agency, 작동성)의 축, 가로축은 타인 지향성(communion, 공동성)의 축이다. 나르시시즘은 다른 두 가지와 비교했을 때, 양쪽 모두 친밀함이 높은 결과를 보였다.

    세로의 축(지배-복종)은 자기 지향성(자신의 목적이나 욕구를 중심으로 생각하거나 행동하는 성향), 가로의 축(친밀-냉담)은 타인 지향성(타인과의 관계 유지를 중심으로 생각하거나 행동하는 성향)으로 해석할 수 있다(학술적으로는 조금 더 복잡한 해석이 존재한다). 전문용어로는 각각 작동성(agency)과 공동성(communion)이라고 한다.

    지금까지 소개한 연구 결과나 빅 파이브 성격 이론과의 관련성만 봐도 알 수 있듯, 어둠의 3요소 모두 높을수록 지배성은 높고 친밀성은 낮아지는 경향이 있다(Rauthmann & Kolar, 2013). 한편 나르시시즘이 높은 사람은, 마키아벨리즘이나 사이코패시가 높은 사람에 비해 친밀성이 크게 낮지 않았다.

또한 일본에서 이루어진 하시모토·오시오 연구진(橋本泰央·小塩真司, 2016)의 연구 결과에서도 마키아벨리즘과 사이코패시가 높을수록 친밀성이 낮아졌으며, 나르시시즘이 높은 사람은 오히려 친밀성이 높아지는 경향을 보였다.

이러한 성향 차이는 실제 행동의 차이로 이어지기가 쉽다. 요나손과 플레처 연구진(Jonason & Fletcher, 2018)은 한 연구를 통해 몇 가지 구체적인 작동성 행동과 공동성 행동을 확인했다(〈표 2〉 참조). 그리고 그 행동을 취하기 쉬운 성향이 어둠의 3요소와 어떠한 관련이 있는지를 검증했다. 그 결과 어둠의 3요소 각 측면이 높은 사람일수록 작동성 행동(예: 자동차로 고속 질주한다, 복수를 꾀한다 등)을 취하기 쉬우며, 나르시시즘이 높은 사람만은 공동성 행동(예: 배우자와 생활한다, 운동을 한다 등)도 함께 취하기 쉬운 것으로 밝혀졌다.[6]

---

6 또한 이 연구에서는 작동성·공동성 행동으로서 다른 사람에게 해를 가하거나 파멸적인 행동, 혹은 다른 사람에게 해를 가하지 않는 평화로운 행동을 들 수 있다.

표 2 공동성·작동성 행동과 어둠의 3요소

공동성 행동	마키아벨리안	나르시시스트	사이코패스
산책을 한다		○	
배우자와 생활한다		○	
친구를 찾는다			
음악을 듣는다			
기도·명상을 한다		○	
커피를 마시러 간다		○	
나무 아래에 앉는다			
친구와 시간을 보낸다		○	
운동을 한다		○	
그림을 그린다		○	
음식을 먹는다		○	

작동성 행동	마키아벨리안	나르시시스트	사이코패스
자위를 한다	○	○	○
자동차로 고속질주를 한다	○	○	○
약물을 사용한다	○	○	○
과거의 잘못을 생각한다	○		○
스트립클럽에 간다	○	○	○
술을 마신다	○	○	○
캐주얼 섹스(일시적 성적 만남)를 한다	○	○	○
담배를 피운다			○
복수를 꾀한다	○	○	○

○는 어둠의 3요소 각 성향이 높을수록 그 행동을 하기 쉽다는 것을 나타낸다.

이러한 점에서 마키아벨리즘이나 사이코패시가 높은 사람은 자기 멋대로 행동하며 타인을 신경 쓰지 않는 경향이 강하지만, 나르시시즘이 높은 사람은 자기 멋대로이긴 해도 타인을 신경 쓰는, 즉 타인과의 관계를 유지하려 한다는 점이 드러났다.[7]

여러분 주변에도 유독 단체생활을 어려워하는 사람이 있을 것이다. 그리고 여러분 중에도 그러한 경향이 높은 사람이 있을지도 모른다. 나 역시도 사실 단체행동은 어렵다. 어둠의 3요소 성향이 높은 사람은 자칫 자기 마음대로 행동하기 쉬우므로 단체생활에 적합하지 않다. 그래서 때로는 무리에서 제외되기도 한다. 하지만 사이코패시나 마키아벨리즘이 높은 사람은 그러한 상황이 벌어져도 별로 대수롭지 않게 여기며 자기 멋대로 행동을 계속할 가능성이 있다.

반면에 나르시시즘이 높은 사람은 타인과의 관계를 유지하려 하는 경향 때문에, 집단 안에 합류하려고 하거나 자신이 그룹을 이끌며 원하는 방향으로 나아가려 할 것이다.

---

[7] 대인관계 모델과 어둠의 3요소와의 관련성은 연구에 따라, 혹은 편회귀계수에서는 일관되지 않는 결과도 보인다(예를 들어 2013년 라우트만 & 콜러의 경우 편회귀계수에서 마키아벨리즘은 지배성이 낮고 사이코패시는 지배성이 높은 것으로 나타났다). 그러나 나르시시즘은 적어도 다른 두 퍼스낼리티와는 달리 친밀성(공동성)이 낮지 않거나 혹은 높은 편에 속하는 것으로 드러났다.

가장 인기가 많은 어둠의 퍼스낼리티는?

다음으로 연애, 이성 관계 측면에서 각 퍼스낼리티가 갖는 유리한 점, 혹은 불리한 점에 대해서도 살펴보자.

파트너 관계 형성에 어둠의 3요소가 어떠한 영향을 미치는지, 현실적인 스피드 데이팅 상황 설정을 통해 알아본 연구가 있다.

스피드 데이팅은 싱글 파티 이벤트처럼 복수의 이성과 짧은 시간(2~3분씩) 대화하며 한 번에 여러 이성을 만날 수 있도록 주선하는 방식이다. 엠마누엘 쟉 외 연구진(Jauk et al., 2016)에서는 대학생 90명이 참가하여 각 인물에 대한 스피드 데이팅 후의 선호

표 3 스피드 데이팅 후의 선호도 평가

	한 번 더 만나고 싶다	단기적 파트너로서 선호	장기적 파트너로서 선호
여성	나르시시스트 사이코패스 마키아벨리안(−)	나르시시스트 사이코패스 마키아벨리안(−)	나르시시스트
남성		나르시시스트	나르시시스트

마키아벨리안 뒤에 붙은 (−)는 마이너스 의미로 즉, 다시 만나고 싶지 않거나 단기적 파트너로서 선호하지 않음을 의미한다. 기재되지 않은 항목은 각 평가와 퍼스낼리티 사이에 관련성이 없음을 의미한다.

제2장 | 3인의 악마와 가면 속 얼굴

도 평가(단기적 파트너로서 선호, 장기적 파트너로서 선호, 한 번 더 대화해보고 싶은 정도)를 하여, 각 인물의 어둠의 3요소 성향과 관련이 있는지 검증했다. 그 결과는 〈표 3〉과 같다.

전체적으로 보면 나르시시즘이 높은 사람은 여성과 남성 모두에게 바람직한 상대로 인식되는 경향을 보였다. 그리고 사이코패시가 높은 여성도 마찬가지로 바람직한 상대로 비치기 쉬운 것으로 나타났다. 반면 마키아벨리즘이 높은 여성에 대해서는 선호하지 않는 경향을 보였다.

나르시시즘이 높은 사람은 예상대로 좋은 첫인상을 강하게 남겼다. 사이코패시가 높은 여성은 그 충동성 때문에 앞뒤를 생각하지 않고 거침없이 자신을 어필했다.

반면 마키아벨리즘이 높은 여성은, 어떻게 하면 남성이 돈을 낼지에 대한 의도를 보였을지도 모른다. 마키아벨리즘은 부나 금전을 추구하는 성향이 있어, 이것은 고소득 직업이나 사회적 지위 상승으로도 달성할 수 있다. 하지만 여성의 경우 남성이 투자해주는 방식을 택하는 경우가 남성보다는 비교적 일반적이다.

예를 들어 유흥업소 등에서도 실력이 좋은 사람은 손님을 치켜세워 기분 좋게 해 고가의 술에 지갑을 열게 만들지만, 그렇지 못한 사람은 상대방의 기분은 전혀 신경 쓰지 않고 보채기만 한다.

그 결과 그 손님은 다시 오지 않게 되는 일도 빈번하다.

실력이 좋든 나쁘든 이것은 마키아벨리즘 행동이지만, 이번 실험은 일반인을 대상으로 한다. 그러므로 유흥업소에서 실력이 부족한 예시와 비슷한 사람도 대거 참가하여, 마키아벨리즘이 높은 사람일수록 호감을 얻지 못한다는 결과를 낳았다고 예상된다.

어둠의 3요소의 외적 모습에 대한 인기를 검증한 연구에서도 나르시시스트는 매력적이라는 평가를 받기 쉬운 것으로 드러났다(Holtzman & Strube, 2013). 특히 흥미로운 점은 나르시시즘이 높은 사람이 화장이나 옷차림을 신경 쓰지 않아도, 있는 그대로의 모습만으로도 매력적이라는 평가를 받는다는 것이다.

사이코패시나 마키아벨리즘이 높은 사람도 화장이나 옷차림 등에 신경 쓴 모습은 매력적이라고 평가받을 가능성이 있지만, 있는 그대로의 모습으로도 매력적이라는 평가를 받은 사람은 나르시시즘이 높은 사람뿐이었다.

나르시시스트는 사람들에게 칭찬받기 위해 노력을 아끼지 않으며, 있는 그대로의 모습을 갈고닦는 모습 역시 그 노력의 일환일지도 모른다. 혹은 있는 그대로의 모습이 매력적이기 때문에 자신감을 포함한 나르시시즘이 높은 것일지도 모른다.

마키아벨리즘·사이코패시보다
나르시시즘이 좋은 퍼스낼리티일까?

여기까지 읽고 나면 나르시시즘은 다른 두 가지 퍼스낼리티와 비교했을 때, 사회 및 인간관계에 더 잘 적응하는 편이라고 느껴질 것이다.

결론부터 말하자면, 마키아벨리즘이나 사이코패시보다 나르시시즘은 몇 가지 면에서는 더 긍정적으로 평가받기도 한다.

 표 4   각 평가의 평균값

	마키아벨리안	나르시시스트	사이코패스
호감도	0.91	1.8	1.2
친구로서의 평가	0.78	1.66	1.08
매력	1.29	1.92	1.02
단기적 파트너로서의 가치	2.05	2.42	1.48
장기적 파트너로서의 가치	0.4	1.03	0.48

가장 부정적인 평가값은 0, 가장 긍정적인 평가값은 4, 어느 것도 해당하지 않는다는 2다.

이것을 나타낸 연구에서는 상상 속 인물에 대한 선호도를 분석했다. 실험 참가자들에게 나르시시즘, 마키아벨리즘, 사이코패시가 각각 높은 가공의 인물상을 다음의 다섯 가지 관점에서 평가하도록 했다.

- ▶ 얼마나 호감이 가는가?
- ▶ 얼마나 친구로서 가치가 있는가?
- ▶ 얼마나 매력적인가?
- ▶ 단기적 파트너로서 얼마나 적합한가?
- ▶ 장기적 파트너로서 얼마나 적합한가?

각각 4점 만점으로, 평균값이 0점에 가까울수록 부정적인 평가, 4점에 가까울수록 긍정적인 평가에 해당한다. 그리고 어느 쪽에도 해당하지 않을 경우의 평가는 2점이다.

이 결과를 〈표 4〉로 나타냈다. 어둠의 3요소 대부분이 어떠한 항목이든 2점 아래에 머물러 부정적인 평가를 받기 쉽다는 것을 알 수 있다.

하지만 똑같이 부정적인 평가를 받을지라도 마키아벨리즘·사이코패시보다 나르시시즘은 다소 나은 편에 속한다.

게다가 단기적 파트너로서의 선호도는 2점을 웃돌았다. 이것도 이미 앞에서 설명한 바와 같이 나르시시즘은 비교적 타인과의 관계성을 중요하게 여기고, 덕분에 사회적 일탈 행동도 무난한 편에 속하여 그 특징이 영향을 미쳤을 것이다.

이렇게 생각하니 어둠의 3요소 공통 특징인 '냉담함'의 요소가 나르시시즘에는 불분명하다. 따라서 어둠의 3요소의 하나로 다뤄지는데 의문을 품는 연구자도 있다(제1장에 등장하는 의견과도 연결된다).

마키아벨리안은 흐린 날에 능력을 발휘한다

여기까지 여러 가지 연구 자료를 살펴봤는데, 인간관계나 연애의 적응성, 우위성에서 보면 마키아벨리즘만 단독으로 나쁜 인상을 준다고 느낄 수도 있다.

하지만 안심하길 바란다. 마키아벨리안이 그 힘을 마음껏 발휘할 수 있는 타이밍은 확실히 존재한다. 어둠의 3요소가 비밀리에 타인을 속이거나 약아빠진 행동을 하는 경향은 물리적으로 어두운 상황 쪽이 더 유리하다는 가설을 연구하기 위해, 마키아벨리안이 인기를 끄는 날씨를 밝히는 색다른 실험이 진행되었다.

이러한 연구를 진행한 라우트만 연구팀(Rauthmann, Kappes & Lanzinger, 2014)은 '구애 프로젝트'란 명목으로 독신 이성애자 남성 참가자를 모집했고, 이에 59명이 참가했다.[8]

분석에 따르면 어둠의 3요소와 날씨의 조합(상호작용 효과)이 이성에게 좋은 인상을 주는지 검증했는데, 마키아벨리즘의 헌팅 성공도가 날씨에 따라 달라진다고 한다.[9]

그리고 마키아벨리즘에 주목하여 추가로 상세한 분석을 진행했는데, 마키아벨리즘이 높을수록 맑은 날보다는 흐린 날에 이성에게 좋은 인상을 주는 것으로 나타났다. 좋은 인상이란 여성의 평가에 의한 남성의 매력도나 호감도, 헌팅을 관찰하고 있던 협력자에 의한 커뮤니케이션 실력이나 자신감, 남성 참가자에 의한 상대 여성의 미소 여부 평가다.

이 결과들은 흐린 날에 마키아벨리즘이 높을수록 헌팅에 자신감을 갖고(참가자 자기평가), 그것이 자신감 있는 행동으로 이어져

---

8 참가자에게는 참가 보수로서 자신의 퍼스낼리티를 피드백해주는 것과 더불어 5시간 이내에 25명의 여성에게 접근하면 추가로 25유로를 준다는 설명을 덧붙였다. 그 후 참가자는 퍼스낼리티 검사를 받은 후, 20~30초 정도 영상 촬영을 했다. 1~3주 후 남성은 헌팅을 시도하는데, 그때 2명의 협력자가 나타난다. 한 명은 헌팅 커뮤니케이션을 평가하고, 다른 한 명이 당시의 날씨를 기록했다. 그런 후 헌팅한 상대방 여성은 남성에 대해 평가를 진행하고, 남성은 남성대로 헌팅에 대한 자기평가를 진행했다. 이때 헌팅을 받은 여성은 총 1,395명(424명이 독신)이었다.
9 단, 남성의 매력도와 여성의 독신 여부는 통제되었다.

(협력자에 의한 평가), 결과적으로 상대방에게 좋은 인상을 남겨(여성에 의한 평가), 상대방의 미소를 유도한다(참가자 평가)라는 순서로 진행됨이 밝혀졌다.

제3장

악마들이 합체된 하나의 악마, 어둠의 3요소

제2장에서는 어둠의 3요소를 세 가지 퍼스낼리티로 분석하여 각각 개별의 특징을 썼다. 이제 다시 한번 세 명의 악마를 합체한 '어둠의 3요소'에 대해 지금껏 설명하지 않은 공통 요소를 중심으로 살펴보고자 한다.

제1장에서 어둠의 3요소를 구성하는 세 가지 특징을 임상적인 진단 기준에 맞춰 대조하면 어떠한 정신질환으로 대응할 수 있을까?

나르시시즘은 자기애성 인격장애, 사이코패시는 반사회성 인격장애, 마키아벨리즘은 편집성 인격장애라는 조합이 예상되는데, 그 타당성과 주의점에 대해 생각해보자.

나르시시즘 → 자기애성 인격장애?

앞서 설명한 바와 같이 어둠의 3요소 중 나르시시즘은 임상적인 연구가 진행되어 왔다. 왜냐하면 일반적 임상 방면에서 이용되는 '정신질환의 진단 및 통계 편람 제5판(DSM-5)'의 '인격장애'[1] 중 하나로 자기애성 인격장애라고 정의한 것을 발단으로 한다.

---

1 특정 퍼스낼리티 성향이 극도로 높아 일상생활에 지장을 주는 경우, DSM-5의 체크리스트를 기준으로 진단을 내린다.

제3장 | 악마들이 합체된 하나의 악마, 어둠의 3요소

　지금까지의 연구에서는 인격장애와 그렇지 않은 사람과의 비교를 많이 진행했었다. 즉 인격장애를 '갖고 있는 사람'과 '갖고 있지 않은 사람'은 질적으로 다르다는 인식에서 연구되었다.

　하지만 이미 소개했다시피 인격장애는 해당 퍼스낼리티 성향이 극도로 높으면 진단을 내린다는 인식이 일반적이다. 나르시시즘으로 비유하자면 나르시시즘이 극도로 높으면 자기애성 인격장애라는 진단을 내리지만, 장애인지 아닌지에 대한 경계선은 분명하지 않다. 그렇게 되면 당연히 극도로 높은 수준이 아니지만, 나르시시즘이 높은 사람은 낮은 사람과 비교했을 때 무엇이 다른지 의문이 생기게 된다.

　자기애성 인격장애인지, 아니면 다른 원인이 있는지(임상 수준인지 그 외의 원인이 있는지)에 대한 비교가 아닌 차원의 연구가 현재 이루어지고 있다. 즉 임상 수준이 아닌 일반 사회에서 나르시시즘의 개인차가, 다양한 개인차를 가진 다른 행동과 어떠한 관련이 있는지에 대한 연구로 파생된 것이다.

　이때 어둠의 3요소 구성에서는 일반 수준의 나르시시즘 개인차로 가정하여 판단한다.

　그렇다고 임상 수준과의 연관성을 무시하는 것은 아니다. 일반적인 수준의 나르시시즘은 자기애성 인격장애 수준만큼 높지 않

으며, 그것과 유사한 특징들을 그 구성 요소로서 포함하고 있다. 따라서 나르시시즘이 극도로 높은 경우는 자기애성 인격장애라고 진단한다.

사이코패시 → 반사회성 인격장애?

DSM-5에서 자기애성 인격장애와 유사한 유형으로 자리 잡고 있으며, 사이코패시와 관련이 있다고 일컬어지는 반사회성 인격장애에 대해 살펴보자.

반사회성 인격장애의 특징 중 하나로 '18세 이상'이라는 조건이 있다. 이것은 무엇을 의미할까?

사실 반사회성 인격장애의 특징인 타인을 향한 공격성, 부정행위(비행), 충동성이나 끈기 없음 등은 많은 사람이 사춘기 전후에 겪는 것들이다. 그리고 대부분은 성장하면서 서서히 그러한 행동을 억누를 수 있게 된다.

즉 반사회성 인격장애는 어릴 적의 철없는 성향들이 성인이 되어서도 남아있으며, 그것이 극도로 심한 탓에 일상생활에까지 지장을 받는 사람에게 내려지는 진단이다.[2]

---

2 단, 어린이(15세 미만)일지라도 정도를 넘어선 과도한 분노, 타인을 향한 공격, 잔혹성, 물건에 대한 파괴성, 절도 등의 성향을 보이면, 그에 해당하는 정신질환으로서의 진단이 내려진다(품행장애 등). 또한 반사회성 인격장애의 진단 조건에는 품행장애 진단 이력 여부도 포함된다.

여기에서 잠깐 사이코패시 본래의 개념을 떠올려 보자. 사이코패시는 범죄의 맥락 혹은 수감자를 대상으로 한 연구에서 시작되었다. 즉 DSM-5를 기반으로 하는 정신질환과는 별개로 수많은 연구가 진행되었다. 그러다가 '사이코패시'라는 개념이 확립되었는데, 크게 두 가지 측면으로 구성된 것이었다. 그중 2차적 특징(SP)은 충동성이나 반사회적인 행동 등을 특징으로 하며, 반사회성 인격장애와 일치하는 요소라고 할 수 있다.

다만 이미 언급한 바와 같이 2차적 특징인 SP는 이른바 사이코패시의 부차적인 특징이며, 냉담함이나 타인 조작성(자신의 목적을 위해 타인을 도구로 삼는다)이 특징인 1차적 특징(PP)이야말로 반사회성 성격과는 다른, 사이코패시로서의 특징을 부여하는 것이었다. 그러한 의미에서 진단명으로서의 '사이코패스'는 반사회성 인격장애와는 다른 개념이라고 할 수 있다.

그러나 DSM-5에는 '사이코패스'라는 정의가 없으므로 반사회성 인격장애로 진단한다.

마키아벨리즘 → 편집성 인격장애?

나르시시즘, 사이코패시와는 달리 마키아벨리즘이 극도로 높은 경우에도 특별히 내려지는 진단이 없다.

하지만 마키아벨리즘의 특징별로 진단할 가능성이 있는 정신질환은 있는데, 그중에는 편집성 인격장애가 포함된다. 편집성 인격장애는 편집성 성격이 극도로 높은 경우에 내려지는 진단명이다.

특징으로 타인의 행동을 자신에게 악의가 있다고 해석하고, 그에 따라 타인에 대한 과도한 불신이나 깊은 의심을 나타내는 경향이 있다. 이것들은 마키아벨리즘의 특징과 일치하는 부분도 있다. 실제로 마키아벨리즘이 높은 사람일수록 편집적인 성향이 강하다고 한다(Christoffersen & Stamp, 1995).

하지만 마키아벨리즘은 다양한 인격장애와 공통 요소를 가진다(즉 상관관계가 있다). 따라서 마키아벨리즘이 높은 사람이 특정 진단을 받는 경우, 어느 특징이 극도로 높으냐에 따라 그 진단명은 달라진다.

마키아벨리즘과 인격장애의 관련성을 정리한 자한기르 연구팀(Muhammad Jahangir et al., 2024, Machiavellianism: Psychological, Clinical, and Neural Correlations)의 논문에 따르면 냉담함·공감성 결여나 속임수, 대인 조작이나 도덕성 경시 등은 각각 반사회성 인격장애, 자기애성 인격장애, 경계성 인격장애[3]와 관련이 있

---

3 감정 대인관계, 자기 이미지가 극도로 불안정한 것을 중심적인 특징으로 하는 인격장애. 충동적인 행동을 일으키기 쉬우며 버려지는 것에 대한 강한 불안감을 품기 쉽다.

으며, 타인을 신경 쓰지 않는 경향은 조현성(분열성) 인격장애[4]와 관련을 보인다. 편집성 인격장애와 특히 관련이 높은 것은 냉소적인 세계관이나 타인에 대한 불신·의심과 같은 특징이다.

이처럼 어둠의 3요소는 각 요소가 극도로 강한 경우 인격장애로서 진단이 내려질 가능성이 있다. 단, 반드시 인격장애로 진단받는 것은 아니다. 다만 특정 성향이 과도하면 진단이 내려질 가능성이 있는 것이다.

따라서 '진단 기준에 해당하면 ○○ 인격장애'라는 것이 완전히 잘못되었다고 말할 수는 없지만, 반드시 일대일로 대응하는 것이 아니므로 무조건 옳다고 말할 수도 없다. 따라서 어디까지나 진단명은 치료를 위한 명칭이라는 점에 주의할 필요가 있다.

어둠의 3요소와 IQ의 상관관계

어둠의 3요소 성향이 높으면 IQ도 높으며, 그 지능이 악행에 사용될 것으로 예상하는 사람도 많을 것이다. 하지만 아직은 그 부

---

[4] 대인관계나 사회적인 교류에 대한 흥미·욕구가 극도로 낮은 것을 특징으로 하는 인격장애. 타인의 간섭을 싫어하고 독립을 선호한다.

분에 대해 뚜렷한 증거는 없다(O'Boyle, 2013; Michels, 2021).[5] 오히려 사이코패시가 높을수록 IQ가 낮을 가능성이 있다.

어둠의 3요소 성향이 높은 사람은 전반적인 IQ가 높은 것이 아니라, 지능이 악행에 특화되어 머리 회전이 빠르다는 것도 생각해 볼 수 있다. 실제로 어둠의 3요소는 거짓말이나 입발림으로 사람들을 조종하는 이미지가 있다.

하지만 아쉽게도 이러한 가설도 지지를 얻지 못한다. 어둠의 3요소와 거짓말이 능한 것과의 관련을 검증한 연구에서는, 어둠의 3요소 성향이 높으면 거짓말을 잘한다는 결과가 나오지 않았다.

정리하자면 어둠의 3요소 성향이 높은 사람 중에도 IQ가 높은 사람도 있고, 낮은 사람도 있다고 할 수 있다.

IQ와 EQ 관점에서 본 '성공 혹은 실패'의 어둠의 3요소

IQ와는 다른 개념으로 감성지수(EQ)라는 개념이 있다.

EQ를 구체적으로 설명하자면, 자신이나 다른 사람이 어떠한 감정일지 알아채는 것이다. 또한 혼합된 감정이 생기거나 왜 그러한 감정이 되었는지 아는 판단과 기억에 감정을 유연하게 이용할

---

5 다만 고교생 중에서 마키아벨리즘이 높은 사람은, 상황에 유연하게 대응하는 것에 관한 지능(유동성 지능이라고 한다)이 높은 경향이 있다는 견해도 있다(Kowalski et al., 2018).

수 있으며, 감정을 제어하거나 조정할 수 있는 것을 뜻한다. IQ가 학력을 시작으로 하는 학교 시험 등에서 측정되는 지능에 주축을 두고 있다면, EQ는 감정이나 커뮤니케이션 등 학교 시험으로는 측정할 수 없다.

어둠의 3요소와 IQ는 관련성이 나타나지 않았는데 EQ와의 관련성은 어땠을까. 사람을 잘 다루는 점(혹은 잘 다룬다는 직관)에서 보자면 어둠의 3요소 성향이 높은 사람일수록 EQ가 높아 타인의 감정을 잘 파악하고 제어하여, 원활한 커뮤니케이션을 꾀하면서 자기 생각대로 사람을 조종할지도 모른다.

하지만 실제로는 어둠의 3요소 성향이 높을수록 EQ가 낮으며, 오히려 관련이 없다는 사실이 수많은 연구를 통해 드러났다(Miao et al., 2019; Walker et al., 2021). 한마디로 어둠의 3요소와 감성은 관련이 없거나, 오히려 어둠의 3요소 성향이 높을수록 감정을 읽는 데 서투르다는 결과가 나왔다.

다만 어둠의 3요소와 IQ, 혹은 EQ의 관련성이 보이지 않는다는 것은 어둠의 3요소 성향이 높은 사람 중에는 IQ나 EQ가 높은 사람도, 낮은 사람도 비슷한 비율로 있다는 말이 된다. 어둠의 3요소 성향이 높으면서 IQ나 EQ가 높은 사람은, 그것을 이용하여 교활한 방법으로 타인을 밟고 올라서 성공을 손에 넣을지도 모른다. 반대로 어둠의 3요소 성향이 높으면서도 IQ나 EQ가 낮은 사람은 사회적 관계성을 학습할 기회를 잃고 범죄에 가담하게 될지도 모른다.

리더십도 퍼스낼리티에 따라 다르다

앞서 어둠의 3요소의 각 특징을 소개했는데, 모두 리더십 포지션을 맡고 있거나 사회적으로 높은 위치에 있으며, 높은 연봉을 받고 있다는 점과의 관련성이 드러났다.

하지만 어둠의 3요소는 서로 공통 요소가 있다는 사실을 잊어서는 안 된다. 예를 들면 사이코패시와 직업적인 성공의 관련성은, 사이코패시만이 아닌 사이코패시와 나르시시즘 사이의 공통 요소가 영향을 주고 있을지도 모른다.

더 구체적으로 말하자면 사이코패시와 나르시시즘 사이의 공통된 '자신은 대단하다는 생각(과대성)'이 영향을 주고 있을지도 모른다. 어둠의 3요소로서 세 요소를 동시에 다루면, 이러한 공통 요소를 제외하여 각 측면만이 가지고 있는 특수한 요소와의 관련성도 검증할 수가 있다.

예를 들면 사이코패시 전체에서 어둠의 3요소 내 공통 요소를

제3장 | 악마들이 합체된 하나의 악마, 어둠의 3요소

제외한 것, 즉 사회적인 일탈 성향이나 충동성이라는 특징이 직업적인 성공과 관련성이 있는지에 대해서도 검증할 수 있다.

이러한 점을 고려했을 때, 각 어둠의 3요소 특수 요소는 리더십 포지션에 오르는 것과 어떠한 관련성이 있을까.

스파크 외(Spurk et al., 2016) 연구팀은 독일 내 25~34세의 갓 취업한 793명의 자료를 이용하여 관련 연구를 진행했다. 여기에서는 취업 방면에서 주관적 성공(전체적인 목표 커리어를 향해 다가가고 있다는 커리어 만족감 등)과 객관적 성공(연봉의 크기, 리더십 포지션에 오르는 것 등)을 측정했다.

분석 결과 〈표 5〉와 같이 마키아벨리즘이나 나르시시즘이 높을수록 객관적 성공(리더십 포지션이나 고액 연봉)을 거둘 가능성

 표 5 어둠의 3요소의 특수 요소와 직업에 관한 변수와의 관련

	리더십 포지션	연봉	커리어 만족감
마키아벨리안	+		
나르시시스트		+	
사이코패스	−	−	−

이 높지만, 사이코패시는 오히려 객관적 성공을 거두기 힘들다는 것을 알 수 있다. 또한 커리어 만족감 부분에서도 사이코패시가 높을수록 만족감은 오히려 낮다는 것을 알 수 있다. 제1장에서 소개했다시피 어둠의 3요소 공통 부분을 제외한 사이코패시 요소는 사회적 일탈이나 충동성이다. 이러한 요소는 업무상 실패를 반복하거나 문제를 일으키게 한다. 그래서 객관적 성공이 어렵고 그에 따른 만족감도 떨어진다고 추측된다.

18개 지역에서 10,298명의 참가자를 모집하여 진행된 대규모 연구에서도 나르시시즘이 높을수록 사회적 지위가 높은 직업을 택했다. 반면 사이코패시가 높을수록 사회적 지위가 낮은 직업을 갖고 있는 것으로 드러났다(Aluja et al., 2022).[6]

이 연구에서 사회적 지위가 높은 직업으로는 대기업 임원, 경영자, 관리자 등을, 낮은 직업으로는 단순 작업이나 소작업 등을 설정했다. 또한 사회적 지위에서 높은 학력은 대학원이나 대학교 졸업을, 낮은 학력은 중학교 졸업 이하를 설정(물론 이것은 직업이나 학력을 차별하려는 의도가 아니다)했다. 예상대로 어둠의 3요소 모든 측면이 사회적 성공과 관련한다기보다, 나르시시즘이 높은 것

---

6 마키아벨리즘과 사회적 지위는 뚜렷한 관련성을 보이지 않았다.

으로 드러났다.

한편 사이코패시는 사회적 성공을 얻기 어려운 것으로 나타났다. 사이코패시의 요소를 고려하면 쉽게 이해할 수 있다. 사이코패시는 쉽게 지루함을 느끼는 성향으로 무슨 일이든 꾸준히 하지 못한다는 특징도 있기 때문에, 일도 금방 관두거나 다른 곳을 전전한다. 사회적 성공은 보통 꾸준함이 요구되므로 역시나 사이코패시가 높은 사람에게는 어려운 분야일지도 모른다.

성공한 사이코패스를 생각하면 이 견해는 언뜻 모순된 것으로 보일 수 있다. 하지만 애초부터 사이코패시가 높은 사람의 대부분은 충동성이나 사회적 일탈, 쉽게 지루함을 느끼는 특징으로 인해 부정적인 마음으로 일하게 된다. 성공한 사이코패스처럼 냉담함이나 타인 조작성을 갖추면서 문제 행동을 일으키지 않고 자신을 제어할 줄 아는 사람은 극히 드물다고 할 수 있다.

파트너 선택 기준이 낮은 어두운 사람들

어둠의 3요소 성향이 높은 사람은 낮은 사람에 비해 성적 파트너 수가 많다고 한다. 그렇다고 어둠의 3요소 성향이 높은 사람이 인기가 많다는 의미는 아니다.

추측되는 이유 중 하나는 어둠의 3요소 성향이 높은 사람은, 파트너 선택 기준이 낮은, 즉 아무나 상관없다는 경향이 강하다는 점이다.

요나손 연구팀(Jonason et al., 2011)은 이 점에 대해 조사를 진행했다. 대상자는 242명의 학생으로, 단기적·장기적 파트너로서 어떠한 특징의 승낙 기준을 낮게 설정 가능한지, 즉 '타협' 가능 여부를 측정했다. 열거된 특징으로는 사회계층, 창조성, 친절함, 활발함, 신체적 매력이다. 이것들에 대한 타협이 나르시시즘·마키아벨리즘·사이코패시를 합한 어둠의 3요소 성향과 어떠한 관련이 있는지 검증했다.

분석 결과 우선 단기적 관계 쪽이 장기적 관계와 비교했을 때 더 쉽게 타협하는 것으로 나타났다. 이것은 어둠의 3요소 성향과 관계없이 장기적 관계 쪽을 더욱 신중하게 생각하는 사람이 많으므로, 놀라운 결과라고는 볼 수 없다.

하지만 단기적 관계의 기준에 관해서는 남성에 한해서지만, 어둠의 3요소 성향이 높은 사람은 낮은 사람에 비해 전체적으로 타협이 쉬운 것으로 드러났다. 더 상세하게 말하자면, 특히 창조성과 친절함은 쉽게 타협할 수 있는 것을 알 수 있었다. 어둠의 3요소 성향이 높은 사람은, 성관계를 할 수만 있다면 친절함이나 사고방식 등의 특징은 어떻든 상관없을지도 모른다.

| 제3장 | 악마들이 합체된 하나의 악마, 어둠의 3요소

뺏고 뺏기는 것이 특징인 파트너 관계

어둠의 3요소가 성적 파트너가 많은 이유로 더 언급되는 것이 외도 혹은 불륜이다. 외도나 불륜은 어둠의 3요소 성향이 높은 사람에게 특징적으로 나타난다(Brewer et al., 2015; Jones & Weiser, 2014).

그리고 어둠의 3요소 성향이 높은 사람은 다른 사람의 파트너를 빼앗거나 자신의 파트너를 뺏기는 등 파트너 관계가 유동적이다. 이것은 어둠의 3요소 중에서도 나르시시즘과 사이코패시가 현저하다(Jonason et al., 2011; Kardum et al., 2015).

한편 마키아벨리즘이 높은 사람이 그러한 경향이 있는지에 대해서는 연구에 따라 달라진다. 마키아벨리즘은 상황에 따라 행동 방식을 바꾸기 때문에 일관된 결과가 나오지 않는 것은 당연할지도 모른다. 사실 나르시시즘이나 사이코패시는 쉽게 단기적인 파트너 관계를 맺고 장기적인 파트너 관계를 기피하는 경향이 있는데, 마키아벨리즘은 어느 쪽이든 상관없이 관계를 형성한다고 알려졌다.

나르시시즘이나 사이코패시가 일관되게 이러한 경향을 드러내는 이유로서는 단기적인 파트너 관계를 추구하기 때문인 이유도 있지만, 동류 교배(assortative mating)라는 현상에서도 설명할 수 있다. 동류 교배란 '비슷한 사람끼리 짝을 이루는 현상'을 말한다. 성실한 사람은 성실한 사람과 커플이 되고, 장난기가 많은 사람은 장난기가 많은 사람과, 비주류문화를 좋아하는 사람은 비주류문화를 좋아하는 사람과 커플이 되거나 한다. 이러한 현상은 겉모습이 비슷한 것만 의미하는 것이 아니라 내면, 즉 퍼스낼리티의 동류 교배도 엿볼 수 있다.

당연히 어둠의 3요소 성향이 높은 사람은 어둠의 3요소 성향이 높은 사람과 커플이 될 가능성이 높다고 생각할 수 있다. 하지만 요나손 외(Jonason et al., 2015)의 연구에 따르면 예상과는 크게 다른 결과를 보였다. 이 연구에서는 '퍼스낼리티와 데이트 광고'라는 명목으로 실험이 진행되었다. 이 실험은 참가자에게 가상의 이성의 자기소개서를 읽게 한 뒤, 그 인물이 장기적·단기적 파트너로 얼마나 선호되는지를 평가하게 했다. 자기소개서는 마키아벨리즘·나르시시즘·사이코패시가 각각 높은 사람과 낮은, 여섯 종류의 사람에 대한 것이었다.

분석 결과 전체적으로 평가자의 퍼스낼리티와는 관계가 없으며, 원나잇 상대로는 어둠의 3요소 각 측면이 높게 반영된 사람의 자기소개서를 선호한다고 평가했다. 또한 결혼 상대나 아이의

제3장 | 악마들이 합체된 하나의 악마, 어둠의 3요소

표 6 동류 교배가 엿보이는 어둠의 3요소 측면

	단기적 파트너로서 적합	장기적 파트너로서 적합
남성의 자기소개서	사이코패스	사이코패스, 마키아벨리안
여성의 자기소개서	사이코패스	나르시시스트(-)

나르시시스트의 '(-)'는 마이너스 경향, 즉 장기적인 파트너로서 선호하지 않는다는 평가를 의미한다.

부모로서는 각 어둠의 3요소가 낮게 반영된 사람의 자기소개서를 선호한다고 평가하는 경향이 있었다.

동시에 일부 예외는 있지만, 참가자의 각 어둠의 3요소 성향이 높을수록 비슷한 자기소개서를 선호한다고 평가하는 경향이 있었다(《표 6》 참조).

이 결과를 보면 파트너를 뺏거나 뺏기는 경향은 어둠의 3요소 성향이 높은 사람끼리 빈번하게 발생한다고 예상된다.

다만 남성 참가자 중에서 나르시시즘이 높은 사람일수록 나르시시즘이 높은 여성의 자기소개서를 장기적 파트너로서 선호하지 않는다고 평가하는 경향이 있었다. 이것은 나르시시즘이 높은 사람은 자신이 최고라고 여기기 때문에, 비슷하게 자신이 최고라

고 어필하는 다른 사람을 기피하는 것으로 생각된다.

성욕이 강하기 때문일까? 아니면 폭력으로서의 행위일까?

성욕과 성범죄는 엄연히 다른 것이므로 각각 나눠서 설명하고자 한다.

강간 등의 성범죄는 일관적으로 성욕이 원인이라기보다는 복수 등에 따른 상대방의 존엄성을 짓밟기 위한 것으로, 폭력의 한 형태라고 볼 수 있다.

어둠의 3요소와 성범죄에는 양의 상관관계가 있다. 어둠의 3요소 특징인 높은 공격성이나 타인에 대한 적개심에서 보면 이 관련성은 충분히 납득이 가능하다. 또한 어둠의 3요소 성향이 높은 사람은 상대방의 외도에 민감하거나 질투심을 느끼기 쉽다는 특징도 있다. 질투와 어둠의 3요소 관련성은 동성애자여도 변하지 않는다(Barelds et al., 2017). 그리고 필자를 포함한 연구팀이 일본에서 진행한 어둠의 3요소와 질투의 관련성에 관한 연구에서도, 역시나 지금까지 연구와 일치한 결과가 나왔다.

다만 외도에 대한 민감성이나 그것에 대한 복수에 대해서는 각 어둠의 3요소 측면에 따라 다소 다른 관련성도 드러났다. 브루어 외(Brewer et al., 2015)의 연구에서는 어둠의 3요소 중에서도 나르시시즘과 사이코패시가 높을수록 외도를 쉽게 의심하며, 사이코패시가 높은 사람은 의심과 더불어 복수하려는 경향이 크다는 사실이 드러났다.

인간은 자신이 가진 감각을 타인도 똑같이 가지고 있다고 생각하는 경향이 있다. 이 현상을 근거로 어둠의 3요소 성향이 높은 사람들은 자신이 외도하기 쉬운 탓에 상대방의 외도를 의심하기 쉽다는 점을 알 수 있다.

강간 통념을 믿는 어둠의 3요소

남성의 여성을 대상으로 한 성범죄에 대해 '강간 통념(rape myth)'이라는 신념이 중요한 요소 중 하나로서 거론된다. 이것은 강간이나 성적 피해에 대한 잘못된 인식을 뜻한다. 예를 들면 '여성은 난폭한 성관계를 원한다', '노출이 많은 옷을 입은 여성은 성적 피해를 받고 싶어 한다', '온 힘을 다해 진심으로 저항하면 성적 피해는 막을 수 있었을 텐데' 등과 같은 생각들을 말한다. 성범죄자 중에는 이러한 인식을 하는 경우가 많은데, 이것은 어둠의 3요소 성향이 높은 사람도 해당할까?

그렇다.

어둠의 3요소 성향이 높은 사람은 강간 통념을 받아들이는 경향이 높다고 한다(Beckett & Longpré, 2024; Galán et al., 2024). 그리고 강간 피해자에 대해 공감하지 못하는 반면 강간 가해자에게는 공감하기 쉬운 것으로 밝혀졌다(Jonason et al., 2017). 이러한 경향은 어둠의 3요소 중에서도 특히 사이코패시에게 현저하게 드러났다.

어둠의 3요소 성향이 높은 사람, 특히 남성은 성적 강제력(상대방이 만취한 점을 이용하여 결박하는 등의 물리적인 힘의 행사)을 행사하는 경향이 높은 것도 밝혀졌다. 여성의 경우, 어둠의 3요소 중에서도 나르시시즘이 높은 사람에게 이러한 경향이 나타났다. 나르시시즘의 상대방보다 우위에 서고 싶어 하는 경향은, 성적 방면에서도 성별은 관계가 없는 듯하다. 한편 마키아벨리즘이나 사이코패시가 높은 사람은 남성에 한해 성적인 방면에서 상대방을 향한 지배로 연결됐다.

또한 파트너 폭력 중 하나인 성폭력(상대방이 싫어하는데도 성적 접촉을 시도하는 등의 성적 괴롭힘)은 남성 중에서는 어둠의 3요소가 모두 높은 사람일수록 가해 가능성이 높았으나, 여성 중에서는 어둠의 3요소 중에서도 사이코패시가 높은 사람만이 그 연관성을 보였다(Kiire, 2017).

성폭력은 성욕의 발산이라기보다는 복수를 위해 이용되는 탓에, 나르시시즘보다는 앞뒤를 생각하지 않고 공격 행위를 일으키기 쉬운 사이코패시가 높은 사람에게 현저히 나타나는 것일지도 모른다.

최근 들어서는 매칭 앱을 통한 성범죄 관련 행동도 보인다.

예를 들면 어둠의 3요소 성향이 높은 사람은 매칭 앱에서 성적인 사진을 보내는 식으로 괴롭히거나, 상대방과 매칭되어 만났을 때 성적인 사진을 도촬하는 행동을 일으키기 쉽다는 것으로 밝혀졌다(Gunnoo et al., 2024). 또한 이러한 행위에는 온라인상에서의 적극성(online disinhibition, 오프라인보다는 온라인에서 더 자신감을 가지는 것)으로 촉진되는데, 어둠의 3요소 성향이 높은 사람은 그러한 경향이 높은 것도 함께 드러났다.

하지만 성범죄의 경우에는 상황이 조금 달라진다. 메켄캄프 외(Mekenkamp et al., 2020)는 수감자 88명 중 성범죄자와 폭력 범죄자를 비교 연구하였는데, 사이코패시나 나르시시즘은 폭력 범죄자 쪽이 높았다. 나르시시즘이나 사이코패시가 극도로 높은 경우는 성범죄에 한정되지 않고 수많은 범죄에 관여하기 때문에 일반적으로는 실행하기 쉬운 폭력 범죄로 수감 되는 경우가 많다고 볼 수 있다. 성범죄자만을 대상으로 한 연구에서도 사이코패시와 나르시시즘이 높을수록 폭력을 동반하는 것으로 드러났다(Balcioglu et al., 2024).

어둠의 3요소 성향이 높은 사람은 성욕도 높을까?

어둠의 3요소 성향이 높을수록 성욕도 높은 것으로 나타났다(Baughman et al., 2014). 그리고 어둠의 3요소 성향이 높으면 성적 공상을 하기 쉽다.

이 연구에서는 성적 공상의 타입으로서 친밀함을 추구하는 것(이른바 정열적인 성관계), 탐구적인 것(스와핑이나 복수 성관계), 자신의 욕구 해방을 위한 것(모르는 사람과의 성관계나 특정 성적 취향을 충족하는 등 상대방이 특정인일 필요가 없는 것), 사도마조히즘적인 것(고통을 주고받으며 쾌감을 추구)에 관한 것으로 나누어 어둠의 3요소 각 측면에 따라 공상하는 것이 어떻게 다른지 검증하였다.

분석 결과 전체적으로 어둠의 3요소 성향이 높을수록 타입에 상관없이 공상하기 쉬운 것으로 드러났다(〈표 7〉 참조).

특성의 관련에 대해 생각하면 나르시시즘이 타인과의 관계를

제3장 | 악마들이 합체된 하나의 악마, 어둠의 3요소

 표 7 공상 속 타입과 각 어둠의 3요소와의 관련성

	친밀함을 추구	탐구적인 것	자신의 욕구 해방	사도마조히즘적인 것
관련된 어둠의 3요소 특징	나르시시스트 사이코패스	나르시시스트 사이코패스	나르시시스트 사이코패스 마키아벨리안	나르시시스트 사이코패스 마키아벨리안
공통 요소를 제외한 각 어둠의 3요소 특성과 관련	나르시시스트		사이코패스	사이코패스

추구하는 경향이 친밀함을 추구하는 공상으로 연결되었다. 사이코패시의 충동성 혹은 타인을 신경 쓰지 않고 자신의 욕구에 충실한 경향이, 자신의 욕구 해방의 공상이나 사도마조히즘적인 공상으로 연결된다고 여겨진다.

진화론의 관점에서 본 해석

어둠의 3요소 성향이 높은 사람이 단기적인 파트너를 추구하는 것에 대해 진화론의 입장에서도 고찰할 수 있다. 다만 진화론적 내용은 오해를 불러일으키기 쉬우므로 여기에서는 간단히 훑어보고자 한다.

유전자는 세대에서 세대로 반복해서 전해져왔다. 생물의 유전자가 어떻게 전해지는지, 그 패턴은 양과 질의 균형으로 표현할 수 있다.

예를 들어 소수의 아이를 소중하게 키워 경쟁력을 높이는 패턴은 질에 편중한 패턴이다. 아이를 많이 낳아 양육에는 크게 힘을 들이지 않고 태어난 아이 중 누군가가 살아남는 확률을 높이는 패턴은 양에 편중한 패턴이다.[7]

어떠한 패턴이 유전자가 잘 남는지는 그 생물이 가진 유전적 요인과 더불어 남겨진 환경에 따라서도 달라진다.

예를 들면 환경 변화가 빈번한 불안정함이나 천적 등이 존재하여 죽음의 위험성이 큰 환경에서는 소중하게 키워 질이 높아지더라도, 불가항력에 따라 죽을 가능성이 있다. 그렇게 되면 당연히 유전자가 전해질 가능성도 낮아진다. 이러한 환경에서는 아이를 소중하게 키우는 일에 에너지를 쏟기보다는, 아이를 많이 낳고 많이 살아남게 하는 전략(질보다 양에 더 편중한 패턴)이 결과적으로 유전자가 유지될 가능성이 높아진다. 또한 그러한 패턴은 미래

---

7 어류는 한 번에 수백만 개의 알을 낳지만, 포유류는 기껏해야 수십 마리밖에 낳지 않는다. 또한 포유류 중에서도 생쥐 등은 매월 여러 마리를 낳지만, 코끼리 등은 몇 년에 한 번밖에 낳지 않는다. 생물의 종류에 따라서도 양과 질의 균형에 차이가 있다.

에 대비한다기보다 현재에 살아남도록 설계되어 있으므로, 순간적으로 이익을 얻을 수 있는 충동적인 행동 패턴이나 다른 개체보다 앞서나가기 위한 행동 등을 보인다.[8]

천적 등이 없고, 죽음의 위험성이 별로 없는 안정된 환경에서는 다른 개체도 죽지 않고 살아남으므로 나중에 짝을 얻기 위한 경쟁이 시작된다. 그렇게 되면 아이를 많이 낳는 일에 에너지를 쏟지 않고 소수의 아이를 강한 아이로 길러 경쟁에서 이기게 하는 전략(양보다 질에 편중한 패턴)이, 결과적으로 유전자가 유지될 가능성이 높아진다. 그뿐만 아니라 미래에 대비하여 이익을 추가하도록 설계되어 있어 다른 개체와의 협력이나 미래를 꾀하는 행동 등을 보인다.

이 내용은 종과 종 사이에 대한 설명이다. 인간이라는 종은 생물 전체 중에서는 질에 편중된 패턴을 보인다. 하지만 인간이라는 종 내에서도 균형의 개인차가 있다. 그리고 그것은 종 사이를 설명하는 것과 같은 논리로 정리할 수 있다.

즉 인간 중에서도 각기 다른 유전자가 유지되고 있으며, 유소년

---

[8] 에너지의 용량은 한정되어 있으므로 양과 질 모두를 높이는 것은 불가능하며, 한쪽을 선택하면 다른 한쪽을 포기해야 하는 상황이 된다. 이것을 트레이드오프(trade off)라고 부른다. 참고로 이 경우는 양과 질의 트레이드오프에 해당한다.

기의 환경은 다양하다. 울거나 웃을 때마다 반응해주고, 식사나 일상의 모든 것이 규칙적인 가정이나 환경은 안정된 환경이라고 할 수 있다. 한편 웃거나 울 때 반응이 매번 다르거나 거칠게 다뤄지는 환경, 식사나 일상의 모든 것들이 불규칙한 가정이나 환경은 불안정한 환경이라고 할 수 있다.

후자의 환경에서 자란 사람은 전자의 환경에서 자란 사람보다 더 단기적인 파트너 관계를 추구하기 쉬운 경향이 강하다.

하지만 종과 종 사이에 관해 설명했다시피 이러한 균형 패턴은 파트너 관계에 영향을 줄 뿐만 아니라 개인 전체의 특징으로서 형성된다. 즉 퍼스낼리티로서 형성된다고 할 수 있다. 그리고 어둠의 3요소 성향이 높은 사람의 특징은, 질보다 양의 균형에 편중된 패턴을 반영할지도 모른다는 견해가 있다.

충동적으로 움직이고 타인을 공격하거나 속이는 행동은 장기적으로 보면 이익이 별로 없을지도 모르지만, 당장은 그 자리에서의 이익은 가져올지도 모른다. 실제로 어둠의 3요소 성향이 높은 사람은 유소년기의 암울한 환경이 영향을 끼쳤을 가능성도 있다(→191쪽). 또한 어둠의 3요소 성향이 높을수록 질보다 양에 편중되는 것으로 밝혀졌다(Jonason & Tost, 2011). 필자가 일본 대학생을 대상으로 진행한 연구에서도 이러한 경향을 확인할 수 있었다(Kiire, 2017; 2019; 2020).

다만 195쪽에서도 다루겠지만, 인간의 퍼스낼리티에 영향을 주는 요인은 다양하며 유소년기의 환경 상태로 모든 것이 결정된다고 할 만큼 단순하지도 않다. 따라서 유전적 요인도 영향을 줄 수 있다는 점에 주의하길 바란다.

왜 남성에게 어둠의 3요소 성향이 높은 사람이 더 많을까?

어둠의 3요소에는 일관되게 성별의 차이가 있으며, 남성이 여성보다 높은 경향이 있다.

이것은 전반적으로 여성보다는 남성이 질보다 양에 편중된 균형을 갖추고 있는 것과도 관련한다. 여성의 경우 난자의 수는 한정되어 있으며 생성에 대한 부담이 따른다. 게다가 임신 중의 에너지는 여성이 공급하며, 그 후의 양육도 기본적으로 여성의 에너지를 바탕으로 이루어진다. 그러한 기간을 거쳐야 하므로 성관계를 많이 가질수록 아이가 늘어나는 것이 아니다.

그렇게 되면 한 사람 한 사람, 아이의 질이 중요해진다. 그래서 양보다 질에 편중된 패턴을 보이게 된다.

반대로 남자의 정자는 거의 무한하게 생성되며, 생성에 대한 부담도 없다. 그리고 임신 기간 등이 필요 없으므로 이론상으로는 성관계를 많이 가질수록 아이가 많이 태어난다. 그렇게 되면 파트너와의 협력 아래 소수의 아이를 강하게 키우기보다는 여러 사람과의 성관계를 통해 정자를 퍼트리는 편이 결과적으로는 유전자가 유지될 가능성이 높아진다. 그래서 질보다는 양에 편중된 패턴을 보인다.

다만 이 또한 당연히 개인차가 있으며, 모든 남녀에게 일괄적으로 어둠의 3요소(혹은 양과 질의 균형)와의 관련성을 규정짓지 않는다. 키에 비유하자면 평균적으로는 남성이 더 키가 크지만, 여기에는 개인차가 존재하며 그 경향에 들어맞지 않는 사람이 있다는 것과 같다.

기만적 시그널링 ― HSP를 어필하기 쉽다고?

이제는 HSP(Highly Sensitive Person)라는 말이 꽤 일반화되었다. 사실 많은 사람의 HSP에 대한 인식에는 오류가 있으므로 우선은 HSP에 대해 간단히 설명하겠다. 그다음에는 '나는 HSP다'라고 밝히는 것이 어떠한 일을 초래하는지, 어둠의 3요소 성향이 높은 사람이 '나는 HSP다'라고 밝히는 것과 어떠한 관계가 있는지를 살펴보고자 한다.

일반인들에게 잘못 알려진 HSP는 '정신적으로 나약하지만, 특이한 잠재 능력이 있는 사람'이다. 하지만 학술적으로는 '환경 감수성이 높은 사람'으로서 HSP라는 용어를 사용한다. 환경 감수성이 높은 사람은 시각이나 청각처럼 감각이 예민하며, 주위 환경의 영향을 잘 받는 사람이다. 예를 들면 커다란 소리나 강한 빛 등에 대해 다른 사람보다 쉽게 놀라며 함께 있는 사람의 기분에 쉽게 좌우되는 특징이 있다.

이처럼 HSP의 특징은 '좀처럼 사람들과 어울리기 쉽지 않고, 조심히 다뤄야 하는 사람'이라는 인상(약자 인식)이 있다. 즉 흔히들 'HSP가 높은 사람에게는 동정이나 지원을 해줄 가치가 있다'라고 생각한다.

그 말은 자신이 HSP라는 것을 어필하면, 사람들의 동정이나 공감, 지원과 같은 도움을 받을지도 모른다는 것이다. 이러한 속셈에서 거짓으로 HSP를 어필하는 것을 기만적 시그널링(deceptive signaling, 혹은 기만적 신호)이라고 한다.

어둠의 3요소 특징 중 하나는 거짓말을 하거나 타인을 속이며 자기 생각대로 조종하는 것이다. 이 점을 생각하면 당연히 어둠의 3요소 성향이 높은 사람은 이러한 기만적 시그널링을 이용하여 타인에게 동정을 구하고, 특별하거나 친절한 대우를 부당하게 받아낼 것이다.

이러한 발상에서 어둠의 3요소와 '나는 HSP다'라고 어필하는 경향과의 관련성을 검증하는 연구가 진행되었다(Moroń et al., 2024).

그 결과 어둠의 3요소 중에서도 나르시시즘이 높은 사람일수록 자신이 HSP라는 점을 알리려 하는 것으로 나타났다. 비련의 주인공을 연기하여 인정받고, 특별한 대우를 요구하는 것이 이러한 결과로 이어졌다고 할 수 있다.

일본에서는 HSP에 대한 잘못된 인식으로 어둠의 3요소와의 관련성이 더 현저하게 드러날지도 모르겠다.

'실은 대단한 사람'이라는 HSP 신화의 거짓말

일본에서 일반적으로 알려진 HSP의 잘못된 인식은 다음과 같다.

인간관계에서도 다른 사람의 눈치를 많이 보고 공감력도 지나치게 높은 탓에, 상대방의 작은 말이나 행동에도 쉽게 상처 입는 사람이다. '섬세한 사람'이나 '마음이 쉽게 피로해져 살아가기 쉽지 않은 기질'이라는 말로 표현되기도 한다. 한편으로는 초감각적인 덕분에 특별한 재능이 있고, 특정 영역에서는 천부적인 능력이 발휘된다고도 한다. 즉 '정신적으로 약해 보일지 몰라도 사실은 대단한 사람'이라는 인상이다(몇 번이고 말하지만, 이것들은 모두 잘못된 인식이다).

이처럼 잘못된 인식으로 인해 'HSP인 사람은 사실 대단한 사람인데 본래의 힘이 발휘되지 못해 불쌍하다'처럼 '불쌍하다'라는 시그널링뿐만 아니라 추가적인 시그널링 요소가 따라온다. 즉 일본에서의 HSP 시그널링은, 약자 시그널링뿐만 아니라 '사실은 대단한 사람인데'라는 시그널링도 포함되어 있다.

그래서 어둠의 3요소 성향이 높은 사람은 자신이 좋은 대우를 받거나 지원을 얻기 위해 이러한 시그널링을 이용하려는 의도가 생긴다.

그렇다면 본래의 HSP란 정확히 무엇일까?

앞에서 가볍게 훑어봤지만, 다양한 개인차가 있는 우리 마음의 특징 중에는 환경 감수성이 있다. 환경 감수성이란 환경의 영향을 받기 쉬운 성향을 말하며, 조금 전 소개한 어둠의 퍼스낼리티나 그 외의 퍼스낼리티, 혹은 키나 몸무게처럼 매우 작은 사람부터 매우 큰 사람까지 연속적으로 존재한다. 'HSP(Highly Sensitive Person)'라는 꼬리표는 그 환경 감수성이 높은 사람들에게 붙여진다.

환경 감수성이 높으면 학대 가정처럼 스트레스가 많은 환경에서는 훨씬 더 부정적인 영향을 받을 가능성이 있는 반면에, 안정적이고 표현에 바로 반응해주는 가정처럼 스트레스 없는 환경에서는 훨씬 더 긍정적인 영향을 받을 가능성이 있다. 한마디로 HSP의 특징은 '좋다/나쁘다'처럼 가치 판단과는 관계가 없는, '환경에서 받는 자극에 대한 처리나 지각이 강한 사람' 그 이상도 그 이하도 아니다.

그리고 꼬리표라고 해도 '치료를 위한 진단명'이 아니다. 말하자면 키의 개인차에 따라 '고 신장'이라는 꼬리표를 붙이는 것과 같다('고 신장'이라는 꼬리표가 붙었다고 해도 그것은 치료를 위한 진단명이 아니다).[9]

하지만 이러한 꼬리표의 해석이 잘못 알려짐과 동시에 HSP의 잘못된 인식으로 이어졌다고 생각된다. 이것은 진단명이어야 할 사이코패스가 '예비 범죄자', '무엇을 생각하는지 알 수 없는 위험한 사람'이라는 잘못된 인식으로 퍼진 것과도 관련된 현상이라고 할 수 있다.

---

9 HSP라는 말을 들으면 어렴풋이 이미지를 파악할 수 있지만, 반대로 그 이미지로 비치거나 꼬리표로 인해 편견이나 차별이 생길 수 있다. 따라서 꼬리표처럼 붙는 HSP가 마냥 긍정적인 것은 아니다.

자기개시와 자기제시의 차이

HSP인 사람이 '나는 HSP'라고 알리는 것은 조금도 이상한 일이 아니다. 반면에 기만적 시그널링을 목적으로 하는 HSP 어필은, 사실 HSP가 아닌데도 자신이 HSP라고 알리는 것이다.

이 점에 대해 자기개시와 자기제시의 차이점에 관해서도 확인해두자. 자기개시와 자기제시는 비슷한 듯 보이지만 사실 전혀 다르다.

자기개시(self-disclosure)란 진짜 자신을 드러내는(개시하는) 것으로, 일반적으로는 친해질 때 나타난다. 반면에 자기제시(self-presentation)란 상대방에게 남겨지길 원하는 인상을 프레젠테이션(제시)하는 것이다. 예를 들면 평소 친구들 사이에서는 장난기 많은 사람이 처음 만난 이성 앞에서는 '도도한 이미지를 주기 위해' 도도한 척하는 것을 말한다.

아마도 사람들은 대부분 학교, 직장, 취미 관련 동아리 등에서 처음 참가했을 때나 처음 대면하는 사람 앞에서는 자신의 진짜 모습을 100% 드러내지 않을 것이다. 오히려 상대방에게 '이런 인상을 주고 싶다'라는 욕구에 따라 본인의 모습을 연출한다(자기제시). 하지만 함께 시간을 보내며 속마음을 들키거나 관계가 깊어짐에 따라 서서히 진짜 자신의 모습을 드러내게 된다. 그리고 상대방 역시 서서히 자신의 진짜 모습을 보여준다(자기개시).

즉 진짜 HSP인 사람이 '나는 HSP'라고 알리는 것은 자기개시지만, 어둠의 3요소 성향이 높은 사람이 '나는 HSP'라고 거짓으로 알리는 것은 자기제시라고 할 수 있다.

기만적 시그널링은 (그것이 진실인지 거짓인지는 각각 다르겠지만) '자신이 원하는 모습으로 보이길 바라는' 자기제시를 능숙하게 이용해 이익을 취할 수 있다.

미덕&피해자 시그널링에 속지 마라

사실 기만적 시그널링에는 미덕 시그널링(virtue signaling)이라는 것이 있는데, 어둠의 3요소 특성이 높은 사람은 대체로 미덕 시그널링을 나타내는 경향이 높다고 한다.

미덕 시그널링이란 자신은 선량하고 성실한 사람이라는 이미지를 어필(시그널링)하는 것을 말한다. 중요한 점은 실제로는 선량하고 성실하지 않더라도 다른 사람에게는 청렴결백한 인물인 듯 어필한다는 사실이다.

예를 들면 "제가 대단한 사람도 아닌데 이런 중요한 일을 맡기시다니…"처럼 겸손하면서도 사람들에게 신뢰받았다는 실적을 어필하는 것도 미덕 시그널링이라고 할 수 있다. 그 외에도 "나는 일찍 자고 일찍 일어나는데, 아침에는 항상 집 주변을 청소하는 것으로 하루를 시작해요" 등 자신의 높은 시민의식을 일부러 어필하는 언행이나 "나는 사회가 조금이라도 좋아지길 바라는 마음에서 항상 편의점에서 받은 잔돈은 모금함에 넣고 있어요" 등의 선행, 혹은 사회공헌에 적극적으로 관여하고 있다고 애써 어필하는 언행도 미덕 시그널링이다. 미덕 시그널링도 주변에서 '이 사람은 훌륭한 사람이다, 이런 사람이라면 나도 따라야지'라고 생각하게 만들어 더욱 많은 이득을 취할 수 있다.

미덕 시그널링과 함께 '자신은 피해자'라는 피해자 시그널링(victim signaling)을 추가하면 상대방을 향한 영향력은 훨씬 강해진다. 피해자 시그널링이란 삶이 불행하다거나 자신이 부당한 대우를 받는다는 것을 어필(시그널링)하는 것을 말한다.

예를 들면 SNS에 '삶이 고달프다, 버티기 힘들다, 아무도 이런 나에게 관심 갖거나 마음을 알아주지 않아. 지금까지 언제나 그랬어'와 같은 마음 아픈 게시물을 올리거나 '나는 이렇게나 회사를 위해 일하는데, 상사는 그 마음을 알아주기는커녕 중요한 일은 맡기지도 않고 나를 잉여로 취급한다' 등의 언행은 피해자 시그널링이라고 할 수 있다. 이러한 어필로 동정이나 지지를 얻는 것은 여러분도 쉽게 상상할 수 있을 것이다.

 미덕 시그널링과 피해자 시그널링을 하면, (실제로는 그렇지 않더라도) '자신은 높은 도덕성을 지니고 있으며 착한 사람이다(미덕). 그렇지만 부당한 대우를 받고 있다(피해)'라는 점을 드러내며 사람들에게 더욱 효과적으로 지원을 받아낸다는 사실이 드러났다.

 예를 들어 누군가 '자신은 항상 편의점 모금함에 잔돈을 넣고, 전철에서 노인에게 자리를 양보하는데도 전혀 보답이 없고, 그뿐 아니라 회사에서는 실컷 이용당하기만 해서 몸도 마음도 만신창이'라는 식으로 어필한다고 생각해보자. 단순히 도덕적인 인물이나 부당한 취급을 받기 쉬운 인물임을 어필하는 것보다는 두 가지를 함께 어필했을 때 동정심이 더 잘 생기며, 그 사람을 위해 뭔가 도움을 줄 방법이 없을지 생각하게 된다.

 '실제로' 도덕적이며 피해자인지는 문제되지 않으며 중요하지 않다. 중요한 것은 다른 사람이 그렇게 생각하도록 어필하는 것, 즉 기만적 시그널링을 나타낸다는 것이다. 어둠의 3요소 특징에서 미루어 볼 때, 이러한 시그널링도 하나의 무기로 사용될 수 있다.

 이 점에 주목한 연구 결과를 〈표 8〉에 정리했다. 전체적으로 보면 어둠의 3요소 어느 측면이든, 높으면 높을수록 피해자 시그널링이 더욱 잘 나타나는 것으로 밝혀졌다(Ok et al., 2021). 한편 미

표 8 기만적 시그널링의 종류와 각 어둠의 3요소와의 관계

	마키아벨리안	나르시시스트	사이코패스
피해자 시그널링	+	+	+
미덕 시그널링	+		−
미덕·피해자 시그널링	+	+	

'+'는 각 어둠의 3요소 성향이 높은 사람이 이용하기 쉬운 시그널링, '−'는 이용하기 어려운 시그널링을 의미한다.

덕 시그널링은 마키아벨리즘과 관련이 있고, 나르시시즘과는 관련이 없으며, 사이코패시와는 오히려 반대의 관련이 있는 것으로 드러났다. 즉 사이코패시가 높은 사람일수록 미덕 시그널링을 보이지 않는다.

미덕 시그널링과 피해자 시그널링을 합친 미덕·피해자 시그널링의 경우에는 어떨까. 예상대로 어둠의 3요소 성향(마키아벨리즘, 나르시시즘, 사이코패시의 합계 점수)이 높은 사람에게 그 특징이 뚜렷하게 드러났다. 하지만 어둠의 3요소를 각각 분리해서 보면 마키아벨리즘과 나르시시즘이 특히 미덕·피해자 시그널링이라는 기만적 시그널링을 쓰는 것으로 나타났다.

마키아벨리즘이 높은 사람의 특징인 전략적 타인 조작성(계획적이며 자각적·의도적으로 상대방을 생각대로 움직이게 하려는 타인 조작성)이라는 특징에서 봤을 때, 의도적으로 불쌍한 성인군자를 연출하는 이해타산을 통해 타인으로부터 이익을 누리려는 것으로 보인다.

한편 나르시시즘은 자신에게 이목이 집중되도록 하기 위한 행동을 보이는데, 그중 하나가 미덕·피해자 시그널링으로 생각된다. 28쪽에서도 알 수 있듯 비련의 주인공을 연기하는 것은 나르시시즘에 특히 잘 나타나는 특징으로, 그것은 기만적 시그널링으로서 작용하는지도 모른다.

이제 미덕 시그널링과 피해자 시그널링이 합쳐지면 더욱 효과적이라는 것을 알 수 있을 것이다. 그렇다면 여기서 한 번 더 생각해보고 싶은 것이, 바로 앞에서 언급한 HSP 시그널링이다.

일본 내 HSP에 대한 일반적인 해석으로서 'HSP인 사람은 섬세하고 감수성이 풍부하며, 주변을 계속 신경 쓰느라 다른 사람에 비해 스트레스와 삶의 고통을 잘 느끼지만(피해), 실은 때에 따라 천재적인 잠재 능력을 발휘한다(실은 대단하다)'라는 잘못된 인식이 있다.

그리고 그중 '섬세하면서도 감수성이 풍부하여 주변을 계속 신경 쓰느라'를 '미덕'으로 해석하기도 한다. 그렇게 되면 일본에서 HSP를 자기제시하는 것은 '미덕 시그널링', '피해자 시그널링', '사실은 대단하다는 시그널링'이 합쳐져서, 세 가지 기만적 시그널링이 된다는 사실을 알 수 있다. 이는 사람들에게 동정과 관심을 받는 데 굉장히 효과적인 시그널링이라고 할 수 있다.

제4장

네 번째 악마, 사디즘에 대해서

사회에서 기피되는 또 하나의 성향

지금까지 사회에서 문제를 일으키기 쉬운 퍼스낼리티로서 어둠의 3요소를 구성하는 것에 관해 설명했다. 그런데 사실 비슷한 성질을 가진 퍼스낼리티인 사디즘을 추가하여 다크 테트라드(Dark Tetrad), 즉 어둠의 4요소로서의 연구도 진행되고 있다.

사디즘이라고 하면 SM(사도마조히즘)이나 철저하게 가학적이며, 상대방이 고통으로 일그러진 얼굴이나 굴욕, 공포의 표정을 보며 쾌감을 얻는 이미지를 떠올릴지도 모른다.

틀린 말은 아니지만, 사디즘도 여러 갈래로 분류되며 어둠의 4요소로서 취급받는 사디즘은 일반적으로 SM과는 구별된다.

성적 사디즘

사디즘은 성적 사디즘과 일상적 사디즘으로 분류할 수 있다. 사디즘이라는 말을 들으면 대부분의 사람이 상상하기 쉬운 이미지는 전자일 것이다.

본래 사디즘이나 마조히즘은 '성적 사도마조히즘'으로서 정신질환의 하나로서 파악하는 개념이다.

구체적으로는 아마도 여러분도 예상이 되겠지만, 성적 관계에서는 왕과 노비의 관계와 유사하다. 즉 성행위에서 가학적 취급을 파트너에게 가하거나(성적 사디즘), 당하는 것(성적 마조히즘)으로 성적 흥분을 느끼는 성향이다. 때리거나 목을 조르는 등의 신체적 고통을 가하는 것부터 감금이나 눈을 가리는 등 신체의 자유를 빼앗거나 모욕적인 말로 정신적인 고통을 가하는 것 등 방식도 다양하다.

이러한 행동 특징은 심신 장애가 없는 건강한 사람이라도 성적 판타지를 갖기도 하고, 많지는 않지만 파트너 간 동의하에 실제로 시도되기도 한다.

이런 개념으로 이른바 SM 플레이를 지향하는 BDSM(결박·지배·사도마조히즘; bondage·dominance·sadomasochism)이라는 개념이 있다. 물론 이 개념에 대한 지향이 강하다고 해서, 일상생활에 지장을 주거나 하지는 않는다.

실제로 많은 BDSM 지향인의 정신질환 수준은 일반인과 거의 다르지 않다(Connolly, 2006). 따라서 이 행동 경향이 있는 것만으로 정신질환으로서 진단을 내리지는 않는다.

다만 '정신질환의 진단 및 통계 편람 제5판(DSM-5)'에서는 파라필리아 증후군(Paraphilia, 성도착에 관한 정신질환 카테고리) 안에 성적 마조히즘 장애 및 성적 사디즘 장애가 정의되어 있다. 성적 사디즘, 성적 마조히즘이 극도로 높으며, 그로 인해 괴롭거나 (예를 들면 일상생활에 지장을 줄 정도로 강렬하고 빈번한 망상 등) 사회적으로 피해를 주는 경우(예: 성범죄 등), 이러한 진단이 내려지기도 한다.

이처럼 성적 사디즘은 한정된 관계 안에서 표출되는 것으로, 사회적으로 문제를 일으키지는 않으므로 일반적으로 어두운 성향으로 인식되지 않는다. 그러나 일상적 사디즘(everyday sadism)은 사회에 문제를 일으키기 쉬운 어두운 특징을 갖추고 있다.

일상적 사디즘

성적 사디즘도 일상적 사디즘도 모두 가학적인 행위로 쾌락이나 기쁨을 얻는다. 그리고 공통된 특징으로서 외향성이 높으며 새로운 것이나 자극을 추구하는 경향이 있다.

그렇다면 어떠한 기준이 두 가지를 나누는 것일까. 그것은 일상적 사디즘의 쾌락이나 기쁨은, 성적 흥분에 한정되지 않는다는 점이다. 따라서 가학적인 행위 그 자체도 성적 행위에 국한되지 않고 보다 광범위한 행동 패턴으로 나타난다.

더군다나 가학적인 행위는 직접적(신체적·심리적)으로 자신이 주체가 되는 형태뿐 아니라, 폭력적인 영상이나 타인의 폭력 행동을 관찰하는 간접적 혹은 대리적 형태에서도 쾌락이나 기쁨을 얻는다는 특징이 있다.

예를 들면 일상적 사디즘 성향이 강한 사람은 타인에게 불쾌감을 주거나 상처를 주고, 괴롭힘, 인터넷상의 악성 댓글, 이른바 악플을 달거나 파트너에게 폭력을 가하며 동물을 학대할 가능성이 높은 점도 지적되고 있다(Buckels et al.,2014; Fernández-del-Río et al., 2021; Buckels et al., 2013; Russell, 2019).

일반 사회에서 이러한 성향은 다른 어둠의 퍼스낼리티와 마찬가지로 부정적으로 작용하기 쉽다. 즉 대인관계 문제나 그에 따라 사회에서 배척당할 가능성이 있다.

또한 일상적 사디즘의 특징으로는 잔혹한 묘사가 등장하는 스플래터·호러 영화를 즐기는 경향이 있다.

단, 스플래터·호러 영화를 좋아하는 모든 사람이 일상적 사디스트에 해당하지는 않는다는 점에 주의해야 한다. 사디즘 성향이 높은 사람이 있는 반면, 사디즘 성향은 높지 않지만 자신이 주인공이 된 기분(동화작용)으로 스릴을 즐기는 사람도 있다. 후자의 경우, 사람들이 서로 때리는 영상 등은 좋아하지 않을 수도 있다.

즉 사디즘(혹은 그 외 퍼스낼리티)과 그 성향에 영향을 받는다고 여겨지는 여러 개별적이고 구체적인 마음 작용은 논리학에서 말

그림 7 스플래터·호러 영화를 좋아한다고 해서
모두가 일상적 사디즘이 높은 것은 아니다

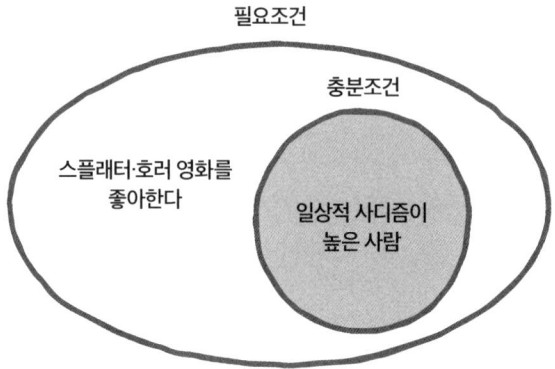

하는 필요조건과 충분조건의 관계와 같다(〈그림 7〉 참조).

 사디즘이 높다는 것은 스플래터·호러 영화를 좋아한다는 것의 충분조건이고, 반대로 스플래터·호러 영화를 좋아하는 것은 사디즘이 높다는 것의 필요조건이다. 이렇게 생각하면 우리들은 특정 행동으로만 그 사람을 파악하기 쉬운데(스플래터·호러 영화를 좋아하는 사람은 사디즘이 높다 등), 그것은 흔히 있을법한 오류다.

제4장 | 네 번째 악마, 사디즘에 대해서

일상적 사디즘이 긍정적인 효과를 가져오기도 한다

일상적 사디즘에는 다른 어둠의 3요소 특성처럼 부정적인 면만 있는 것은 아니다.

경쟁 상황, 특히 스포츠 분야에서는 유리하게 작용할 가능성이 있다고 한다(下司忠大 et al. 2019). 타인이 고통받는 모습을 보며 기뻐하는 성향은 스포츠에서 상대 선수에게 고통을 주거나 괴롭히는 행동에 동기를 부여한다. 예를 들어 상대방의 약점을 노리거나 동요하게 만들어 상대 선수를 불편한 상태로 유도한다. 사디즘 성향이 높은 사람은 이러한 전략을 발휘하여 승리를 쟁취하거나 좋은 성적을 남기기도 한다.

다시 말해 스포츠 분야에서 사디즘이 좋은 성적을 내려면, 사디즘 성향이 스포츠 분야에서는 소위 '밀당의 기술'로서 발휘되어야 한다.

다만 이러한 현상은 개인경기에서 나타나는데, 단체경기에서는 나타나지 않는 것으로 드러났다. 단체경기는 상대 선수와의 경쟁뿐만 아니라 팀원들과의 협력이 필수적이다. 사디즘 역시 다른 어둠의 퍼스낼리티와 마찬가지로 타인과 협력하는 데 어려움을 겪는 경향이 있어, 단체경기에서는 사디즘의 '밀당력'이 발휘되기 어려울 것으로 보인다.

이렇게 생각하면 스포츠뿐만 아니라 상대방을 괴롭히는 '밀당'이 목표 달성에 중요한 역할을 하며, 개인플레이에 따라 목표를 추구하는 경쟁 전반에 사디즘이 긍정적인 효과를 줄 수 있다. 예를 들면 온라인게임(e-sports)이나 포커 등에서도 사디즘 성향이 유리하게 작용할 가능성이 있다.

마조히즘이 높은 사람은 사디즘도 높을까?

정신질환 관점에서 본 성적 사도마조히즘의 사디즘과, 퍼스낼리티 특성으로서의 일상적 사디즘은 다른 개념이라는 건 이미 설명했을 것이다.

그렇다면 사디즘의 단짝으로 여겨지는 마조히즘은 어떨까?

사실 마조히즘에 대해서도 일반적인 개인 특성으로서 연구가 진행되고 있다.

다만 이 마조히즘이란 개념은 일상적 사디즘과 정반대의 개념이라기보다는 오히려 그 특징이 겹칠 가능성도 있는 개념이다. 따라서 일반적인 개인 특성으로서의 마조히즘 특성(양성 마조히즘)

제4장 | 네 번째 악마, 사디즘에 대해서

'사디즘 악마'의 민낯
성적 쾌락이나 기쁨을 얻기 위한 가학성, 높은 외향성, 자극 추구 성향

- 성적 사디즘은 한정된 관계에서 표출되므로 지나치지만 않으면 사회적으로 문제가 되지 않는다
- 일상적 사디즘은 개인경기 스포츠나 게임, 도박 등의 경쟁에서 유리하게 작용한다.

- 일상적 사디즘은 성적 흥분에 한정하지 않고 가학적 행동 패턴을 보인다.
- 일상적 사디즘이 높은 사람은 괴롭힘, 인터넷 상의 악성 댓글, 파트너에 대한 폭력, 동물 학대 의 우려가 있다.

이 높은 사람은, 일상적 사디즘이 낮은 것이 아니라 오히려 일상적 사디즘이 높을 수 있다.

양성 마조히즘

일반적인 개인 특성으로서의 마조히즘 경향은 '양성 마조히즘'(benign masochism)이라는 개념에서 연구가 진행되고 있다.

양성 마조히즘이라고 하면 반대말은 '악성 마조히즘'이라고 생각할 수 있지만, 사실은 그렇지 않다. 사디즘이 성적 플레이에서의 가학 성향(성적 사디즘)과 일상에서의 가학적 성향(일상적 사디즘)으로 나뉘듯, 마조히즘도 성적 플레이에서의 피학적 성향(성적 마조히즘)과 일상에서의 피학적 성향(양성 마조히즘)으로 나뉜다. 이른바 마일드 마조히즘(온건한 마조히즘)이라 할 수 있다.

이것은 구체적으로 불쾌한 신체 경험을 추구하는 성향을 말한다. 예를 들면 입이 얼얼해지는 매운맛을 선호하고, 마사지의 고통, 치즈의 꼬릿한 냄새, 암울하거나 불쾌한 내용의 만화, 슬픈 음악이나 문장 등을 좋아하는 성향을 말한다. 아마도 여러분이 직관적으로 떠올리는 마조히즘과는 다를지도 모른다.

하지만 평소 매운 음식을 좋아하는 사람, 공포심을 추구하는 사람이 '마조'라며 놀림 받는 경우를 생각하면, 이러한 성향이 일상적인 피학 지향에 해당한다고 할 수 있다.

그리고 사실 양성 마조히즘이 높은 사람은 일상적 사디즘도 높은 것으로 나타났다. 그레이트메이어(Greitemeyer, 2022)가 실시한 연구에 따르면 사이코패시와 일상적 사디즘이 높은 사람은 양성 마조히즘도 높고, 죽음에 이르지 않을 정도의 자해(손톱 깨물기 등) 성향도 높은 것으로 밝혀졌다.

또한 맛에 대한 선호도와 퍼스낼리티의 관련성의 연구에서는, 사이코패시와 일상적 사디즘이 높을수록 쓴맛을 즐긴다고 한다. 이것은 자극 추구 성향에서 기인한 것일지도 모른다.

다만 일상적 사디즘과 양성 마조히즘 모두 높은 성향일 때, 성적 사디즘·마조히즘(BDSM)은 지배적인 역할과 복종적인 역할로 나뉘며, 스위치(두 역할을 바꿀 수 있는 사람)는 비율적으로는 많지 않다. 코놀리(Connolly, 2006)의 연구에 의하면 지배 쪽이 47.6%, 복종 쪽이 45.9%였는데, 스위치는 6.5%에 불과했다.

또한 BDSM 지향이 높은 사람은 성적 플레이와 파트너에 대해서만 가학 성향을 드러냈다. 반면에 일상적 사디즘은 성적 플레이뿐만 아니라 일상 전체에서, 파트너에 한정하지 않고 다른 일반인에 대해서도 가학 성향을 보인다. 성적 사디즘과 일상적 사디즘은 가학 성향이라는 점에서는 공통점이 있지만, 서로 다른 개념이다.

따라서 일상적 사디즘과 양성 마조히즘과의 연관성은, 성적 사디즘과 성적 마조히즘의 관련성과는 별개로 생각할 필요가 있다.

사디즘이 강한 대표적인 캐릭터

마찬가지로 사디즘의 각 퍼스낼리티가 강하게 드러나는 캐릭터를 찾아보자. 일단 『체인소 맨』에서 일상적 사디즘이 확연히 높은 캐릭터는 등장하지 않는다.

일상적 사디즘은 다른 사람의 고통을 즐기는 성향이므로, 신념을 위해 누군가를 죽이거나 마음에 들지 않거나 방해가 된다는 이유로 죽이는 것과는 다르다. 그것보다는 오히려 상대방을 괴롭히거나 데스게임에 참여시켜 고통을 지켜보는 것을 즐기고, 다치게 만드는 상황 자체를 좋아하는 것이 일상적 사디즘이다.

그렇게 생각하자면 주인공 '덴지'가 공안대마특이4과 멤버와 갇혔을 때, '영원의 악마'가 그들이 울부짖을 때까지 재미있다는 듯 공격을 퍼부은 행동은 일상적 사디즘적 행동 패턴이라고 할 수 있다.

『원피스』에서는 여러 명 등장하는데, 돈키호테 패밀리의 '시저

클라운'도 이에 포함된다. 이 작품에서는 '다른 사람을 못살게 굴거나 상처 입히는 것을 좋아하는' 캐릭터가 많은 듯 보인다.

다섯 번째 악마? 스파이트의 정체

제4장에서는 네 번째 악마로서 사디스트에 대해 해설했는데, 사실 또 다른 악마, 어두운 행동 성향으로서 '스파이트(spite, 악의)'가 주목받기 시작했다.

이것은 '자신이 손해를 보더라도 상대방에게 손해를 입히는' 악의적인 성향을 말한다. 일상생활로 말하자면 '소득이 낮은 저 사람은 소득세를 거의 내지 않잖아! 정말 괘씸해! 소비세를 더 올려서 저런 사람도 세금을 많이 내도록 만들어야 해!'라는 식으로 생각한다. 이러한 사람은 소비세가 오르면 자신도 많은 돈을 내야 하는, 즉 손해를 보게 되는데도 싫은 그 사람에게 손해를 입히고 싶어서 참을 수가 없다.

신종 코로나 바이러스 감염증(코로나19)이 유행하면서 생겨난, 이른바 일본의 '마스크 경찰이나 자숙 경찰'(마스크를 착용하지 않은 채 돌아다니는 사람을 적발, 비난, 공격하는 사람을 가리킴) 중 일부는 스파이트(악의)에서 기인한 행동을 하는 사람들이라고 할 수 있다. 즉 자신도 마스크를 구입해서 매일 착용해야 한다는 수고는 물론 마음대로 밖에 돌아다니지 못하는 형태로 손해를 보지만, 그래도 싫어하는 상대방을 기분 나쁘게 만들거나 스트레스를 받게 했다면 그것으로 만족한다.

많은 사람이 스파이트 행동을 한다는 사실이 실험을 통해 확인됐다. 예를 들면 '최후통첩'이라는 게임을 이용한 실험이 있다. 그 과정은 다음과 같다.

당신과 다른 한 명이 실험자에게 10만 원을 받은 뒤, 두 명이 나누라는 말을 듣는다. 하지만 각각 얼마씩 금액을 나눌지에 대한 선택권은 상대방에게만 있고, 당신에게는 주어지지 않는다. 한편 상대방의 제안(금액의 분배)이 마음에 들지 않으면 당신은 거부할 수 있지만, 만약 거부하면 10만 원은 전부 빼앗기며 당신과 상대방은 한 푼도 얻을 수 없다.

이 조건에서 상대방이 5만 원씩 나누자고 제안한다면, 아마도 대부분의 사람은 그 제안을 받아들일 것이다. 하지만 상대방이 6만 원, 당신이 4만 원이라는 제안을 받는다면 어떨까? 혹은 더 심하게 상대방은 9만 원, 당신은 1만 원이라는 제안을 받는다면 어떨까? 합리적으로 생각하면, 상대방보다 적은 금액이라도 일단 받기만 한다면 이익을 얻는 셈이다. 하지만 많은 사람은 이 불평

등한 제안을 받았을 때 '거부'를 선택한다.

이 역시 스파이트 행동이라고 말할 수 있는데, 그렇게 생각하면 우리는 의외로 일상 속에서 그러한 악의적인 행동을 취하고 있을지도 모른다.

어둠의 3요소나 일상적 사디즘이 높은 사람은 스파이트 행동도 높은 것으로 나타났다(Jonason et al., 2017; Moshagen et al., 2018). 어둠의 3요소가 다른 사람에게 공격적이고 자신이 더 우위에 올라서려는 성향이며, 충동적인 성향인 것을 고려하면, 타인을 끌어내리는 행위에 에너지를 쏟는 것도 당연하다고 할 수 있다. 그리고 그로 인해 자신까지 손해를 볼지도 모르는데 그 부분은 고려하지 않는다.[1]

이렇게 생각하면 어두운 성향, 즉 타인에게 상처 주거나 사회적으로 문제를 일으키기 쉬운 성향은 그 외의 다양한 상황에서 나타날 수 있다. 그래서 어둠의 3요소와 함께 스파이트(악의), 탐욕성, 의존 성향이나 완벽주의의 부정적인 측면을 포괄적으로 파악하거나(Marcus & Zeigler-Hill, 2015) 어둠의 4요소(다크 테트라드),

---

1 최후통첩 게임에서 사이코패시가 높은 사람일수록 불평등한 제안도 받아들인다는 연구도 있다(Osumi & Ohira, 2010). 금전적인 부분에 대해서는 타인이 얼마나 이득을 보느냐와는 상관없이 자신의 이익을 합리적으로 추구하는 것일지도 모른다.

스파이트, 에고이즘, 도덕성 경시, 이기심 등의 공통 특성인 '다크 코어(어둠의 핵)'에 주목하는 연구도 있다(Moshagen et al., 2018). 이 책에서는 이 이상은 다루지 않지만, 어두운 성향에 관한 연구는 아직 발전의 여지가 크다고 할 수 있다.

제5장

자기 자신과 타인 내면의
악마를 파악하는 방법

지금까지 어둠의 3요소 특징들을 살펴봤는데, 왠지 모르게 어렴풋이 떠오르는 누군가가 있을지도 모른다. 그래서 제5장에서는 그 어렴풋한 이미지의 해상도를 올리려고 한다. 즉 어둠의 3요소 성향이 높은 사람에 대한 감도를 높이기 위해 일상이나 비즈니스에서의 행동, 성장 배경 등의 각도에서 탐구해보도록 하자.

SNS상에서 보게 되는 어둠의 3요소

당신은 셀카를 찍어 SNS에 올리거나 한 적이 있는가? 그리고 그것을 앱 등을 이용해서 가공하는가? SNS상의 행동을 보면 그 사람의 어둠의 3요소 성향을 파악할 수 있을지도 모른다.

사실 어둠의 3요소 성향이 높은 사람은 낮은 사람에 비해 셀카(자가 촬영)를 SNS에 올리기 쉬우며, 그 사진을 가공하는 경향이 높다고 한다. 이 경향은 특히 나르시시즘이 높은 사람에게 뚜렷하게 나타나는 것으로 밝혀졌다.

어둠의 3요소 성향이 높은 사람은 다른 사람과 친하게 지내기 위해서가 아닌, 자신이 더 우위에 올라서려는 경향이 강하기 때문에 SNS를 다른 사람에 대한 우월감 과시용 도구로 이용한다고 볼 수 있다. 특히 나르시시즘의 인정·칭찬 욕구를 생각해보면, 더

| 제5장 | 자기 자신과 타인 내면의 악마를 파악하는 방법

예쁘고 더 멋진 자신의 모습을 SNS에 공유하며 다른 사람에게 더 많은 '좋아요'를 획득하기 위해 안간힘을 쓰는 것이 어쩌면 당연할지도 모른다.

물론 SNS를 이용하는 사람 대부분은 셀카를 올린 적이 있을 것이다. 그리고 타임라인을 들여다보면 조금이라도 예쁘고 멋진 모습으로 보이기 위해, 혹은 재미로 앱을 이용해 사진을 가공하는 사람도 얼마든지 접하게 된다. 이러한 행위를 한다고 해서 모두가 어둠의 3요소 성향이 높다고 할 수는 없다. 과하게, 혹은 일관되게 그러한 행동을 보이느냐가 포인트다. 예를 들면 업로드되는 대부분의 사진이 셀카거나 유명 레스토랑에서 식사할 때마다 사진을 올리더라도, 항상 자신의 얼굴이 메인으로 나오도록 하거나 단체 사진에서도 언제나 자신의 얼굴만 가공하여 올리는 사람은 어둠의 3요소 성향이 높다고 할 수 있다.

또한 인터넷에 비방글을 올리는 성향도 사디즘을 포함하는 어둠의 4요소가 높은 것으로 나타났으며, 특히 일상적 사디즘과 사이코패시에서 뚜렷하게 드러났다(Sanecka, 2017). 일상적 사디즘이나 사이코패시가 높은 사람 중에는 다른 사람을 불편하게 만들고 싶어 하는(화나게 하거나 걱정하도록 하고 싶은) 욕구를 갖추고 있는데, 그것이 인터넷상에 악성 댓글을 다는 행동으로 연결되는 것이다.

그 외에도 인터넷상의 다양한 문제 행동이 있다. 그러한 문제 행동의 이면에는 어둠의 3요소가 있다. 구체적인 문제 행동으로는 무례한 댓글(이른바 악플)이나 인터넷상에서 다른 사람을 공격하는 행위 등을 말한다(Moor & Anderson, 2019).

SNS에서는 현실 세계와는 달리 상대방의 얼굴이 보이지 않거나 익명으로 의견을 표출할 수 있다. 그리고 자신의 의견에 대한 책임을 가볍게 여기는 현상도 발생한다. "나뿐만 아니라 다른 사람도 하잖아!(그러니까 난 나쁘지 않아)"처럼 말이다.

이러한 공격 행위들은 제재를 가하기 쉽지 않기 때문에 그렇지 않아도 높은 어둠의 3요소의 공격성이 더욱 잘 드러나게 된 것이라고 여겨진다.

유명인의 외도 행위나 실패는 바로 비난을 받지만, 그 비난은 과도한 정의감에서 비롯되기도 한다. 하지만 단순히 악플에 불과할 때도 많다는 것쯤은 여러분도 잘 알 것이다.

다양한 SNS의 발달은 이 현상에 기름을 끼얹듯 일반인도 간단히 비난하고 비난받을 수 있는 환경을 구축하였고, 어둠의 3요소 성향이 높은 사람들이 저지르는 SNS상에서의 문제 행동은 앞으로도 많은 연구를 통해 밝혀질 것이다.

| 제5장 | 자기 자신과 타인 내면의 악마를 파악하는 방법 |

아무렇지도 않게 거짓말하는 사람은 어둠의 3요소 성향도 높을까?

베스트셀러이자 스테디셀러인 『스캇 펙의 거짓의 사람들: 인간 악의 치료에 대한 희망』(원제: People of the Lie)이라는 책의 제목이 상징하듯 사악한 마음을 가진 사람은 거짓말을 하고, 반대로 거짓말을 하는 사람은 사악한 마음을 가지고 있다고 생각하는 사람이 많다.

그렇다면 어둠의 3요소 성향이 높은 사람은 거짓말쟁이일까?

여기까지 읽었다면 어느 정도는 상상되겠지만, 어둠의 3요소 특징으로서 '거짓말'은 중심적인 요소라고 할 수 있다. 어둠의 3요소의 세 가지 퍼스낼리티는 타인 조작성, 즉 타인을 자기 생각대로 움직이게 한다는 공통 특징이 있다. 그리고 그것을 실행하는 데 절대 빠지지 않는 것이 바로 거짓말이다. 타인을 속이고 자신만 이익을 얻는 행동에도 거짓말은 큰 연관성이 있다. 어둠의 3요소 성향이 높을수록 거짓말을 많이 한다는 연구를 몇 가지 소개하고자 한다.

특정 상황에 자신이 놓여있다고 상상한 뒤, 각 상황에서 얼마나 거짓말을 할지, 그리고 얼마나 상대방이 그 거짓말을 믿을지를 조사한 연구가 있다(Baughman et al., 2014). 참가자들은 준비된 시나리오를 읽고 상황을 상상한 후 진행하게 되는데, 준비된 시나리오의 내용은 다음과 같다.

① **'예전 연인과 몰래 만나 차를 마셨다'는 작은 외도 행위를 들켜서 배우자에게 해명을 요구받는 상황(연인과의 장면)**

→ 당신은 연인과 2년 이상 교제 중이다. 어느 날 당신은 예전 연인으로부터 만나서 차 한 잔 마시자는 연락을 받는다. 처음에는 조금 망설였지만, 결국 만나기로 한다. 그리고 그것을 현재의 연인에게는 말하지 않기로 한다.

옛 연인과 카페에서 차를 마시고 있을 때, 현재 연인의 친구에게 그 장면을 들켜버리게 된다. 그 친구는 당신에게 인사조차 하지 않고 카페 밖으로 나갔다. 당신이 집으로 돌아 오자 당신의 연인은 이미 당신이 비밀리에 옛 연인과 만났다는 사실을 알고 있었고, 할 말이 있으면 해보라며 추궁한다.

② **학점과 관련된 과제의 대부분을 친구 과제를 베껴 제출했다가 교수에게 들켜 추궁당하는 상황(학교 내 장면)**

→ 기말이 가까워지면서 과제는 산더미처럼 쌓이고, 시험공부도 해

| 제5장 | 자기 자신과 타인 내면의 악마를 파악하는 방법

야 한다. 그리고 중요한 과제의 제출 기한이 임박했지만, 당신은 아직 아무것도 쓰지 못한 상태이다.

이 과제는 성적의 40%를 차지하는데, 당신의 특기 과목도 아니다. 당신은 작년에 이 수업을 들은 친구에게 과제를 보여달라고 부탁했다. 이 친구는 작년에 100점 만점 중 82점을 받았다. 당신은 일단 마감 기한 내에 과제를 제출하기는 했지만, 사실 대부분은 친구의 과제를 베껴 냈다.

이 과제를 채점하던 교수는 당신이 스스로 작성하지 않았다고 의심하여, 당신의 의견을 듣고 싶다고 말한다. 당신은 이미 그 과제는 당신 스스로 작성했다고 대답한 상태이다.

두 시나리오 모두 전체적으로 어둠의 3요소 성향이 높은 사람은 자신이 거짓말을 더 많이 하고, 상대방을 속일 것이라고 대답했다. 어느 상황이든 발뺌할 수 없는 상태이며, 거짓말을 한 순간 상황은 더욱 안 좋게 흘러갈 것이다. 그럼에도 이들은 거짓말을 함과 동시에 어떻게든 잘 해결될 것으로 생각하기 쉽다. 어둠의 3요소의 자기중심적이고 자신의 능력에 대한 과도한 자신감, 앞뒤를 생각하지 않는 성향이 이러한 결과를 일으킨다고 볼 수 있다.

이러한 사람들을 일상생활에서도 종종 보게 된다. 지각에 대한 변명으로 할머니를 도와주다 늦었다고 거짓말하는 사람은 거의 없겠지만, 그저 단순히 늦잠을 잤을 뿐이면서 몸이 안 좋아서 일어날 수가 없었다든지 전철이 늦게 왔다든지, 출석 등록·출퇴근 기록 찍는 것을 깜빡했다든지 등의 변명은 뻔한 레퍼토리다(당연히 대부분은 거짓말이다). 물론 이것도 일상에서 흔히 있을 법한 일이지만, 어둠의 3요소 성향이 높은 사람은 그런 행동이 잦거나 상황이 달라도 일관되게 이러한 성향을 계속해서 드러낸다는 특징이 있다.

실제 어둠의 3요소 성향이 높은 사람은 거짓말도 잘할까? 이것을 검증한 연구에 따르면 어둠의 3요소 성향이 높은 것과 능숙한 거짓말, 거짓말을 간파할 수 있는 힘은 관련성을 보이지 않았다(Wright et al., 2015).[1]

즉 어둠의 3요소 성향이 높은 사람 중에는 거짓말에 능한 사람

---

1 이 실험은 두 가지 절차대로 진행되었다. 우선 다양한 사회적 의견(예: 흡연은 모든 공공장소에서 금지되어야 한다)에 대해 찬성인지 반대인지 대답한다. 그 후 참가자는 5명 정도씩 그룹을 맺지만, 각각 서로가 찬성했는지 반대했는지는 알 수 없다. 그 그룹에서 커뮤니케이션 능력을 측정하는 경쟁 게임을 하겠다고 알려준다. 규칙은 다음과 같다. 우선 무작위로 한 명을 선정하여 조금 전의 사회적 의견에 대한 찬성·반대 대답과 함께 그 근거를 20초 정도 설명한다(화자 역할). 단 화자가 찬성한다고 말하더라도 그 사람의 실제로 찬성하는지는 알 수 없다. 사실은 반대하는데도 거짓말을 할 가능성도 있다. 참가자가 거짓으로 말할지, 진실을 말할지는 실험자가 무작위로 결정한다. 청자는 화자 역할을 맡은 사람이 진실을 말하고 있는지 거짓을 말하고 있는지를 예상하고, 어느 정도 신뢰할 수 있는지 평가한다. 이것을 전원이 역할을 바꿔가며 여러 번 반복한다. 마지막으로 가장 신뢰를 얻은 사람(즉 거짓을 진실처럼 잘 말한 화자)과 거짓인지 아닌지를 가장 제대로 평가한 사람(즉 거짓말에 속지 않고 화자의 진짜 의견을 파악한 청자)에게 보수를 준다.

도 있는가 하면, 서툰 사람도 비슷한 비율로 존재한다고 한다. 다만 거짓말을 정당화하는 성향이 높은 사람일수록 거짓말을 잘하는 것으로 밝혀졌다. 이것은 마키아벨리즘의 특징 중 하나로, 특히 거짓말을 정당화하는 성향이 높은 사람은 거짓말에 능하며, 사회에서도 성공했을 가능성이 있다.

각 퍼스낼리티에 따라 거짓말 양상이 다르다

거짓말이라고 해도 그 종류는 여러 가지이다. 특수사기처럼 상대방을 속여 금품을 갈취하거나 옛 연인에 대한 사실이 아닌 부정적인 정보를 유포해 상대방을 폄훼하는 거짓말이 있다. 혹은 상대방에게 상처나 충격을 주지 않기 위해 하는 하얀 거짓말도 있다.

어둠의 3요소의 각 퍼스낼리티는 거짓말하기 쉬운 정도가 서로 다른 것으로 드러났다(Jonason et al., 2014). 자기 이익을 위한 거짓말과 이유 없는 거짓말의 빈도는 모든 어둠의 3요소 성향이 높을수록 많았지만, 더 세세하게 분석하자면 각 퍼스낼리티는 다음과 같은 성향이 있다고 한다.

▶ 자기 이익을 위한 거짓말: 나르시시즘에 특징적

- ▶ 의미나 이유 등이 없는 거짓말: 사이코패시에 특징적
- ▶ 인사치레나 아부 등 상처 주려는 의도가 없는 거짓말(하얀 거짓말): 마키아벨리즘에 특징적

 마키아벨리즘의 거짓말은 다른 사람을 조종하기 위한 거짓말인 한편, 나르시시즘은 자신을 더욱 돋보이게 하기 위한 거짓말을, 사이코패시는 충동적이며 앞뒤를 생각하지 않는 경향을 바탕으로 거짓말을 한다고 한다. 다만 이 내용은 설문 조사를 기반으로 한 결과이므로, 실제 행동과는 차이가 있을 수 있다. 그렇다면 실제 행동에서도 이러한 결과를 볼 수 있을까?

 이 점에 대해 카롤린 로저 외 연구진(Roeser et al., 2016)은 두 가지 실험을 통하여 주관적 보고와 실제 행동이 일치한다는 것으로 나타났다. 이 실험 내용은 다음과 같다.

어둠의 3요소의 거짓말 성향을 탐구하는 실험 ①

참가자에게 온라인상에 다른 참가자가 더 있다고 설명한 후(실제 존재하지 않은 상태로 프로그램을 진행), 실험 참가자에게 보수를 지급한다고 안내한다. 다만 보수의 선택지로서 '(선택지 1) 자신은 5유로를, 다른 참가자에게는 15유로를 지급', '(선택지 2) 자신은 7유로를, 다

른 참가자에게는 5유로를 지급'이 있으며, 선택지는 다른 참가자가 고를 수 있다고 알려준다.

그 대신 다른 참가자에게 '선택지 1을 고르면 당신은 더 많은 보수를 받을 수 있습니다(진실)' 혹은 '선택지 2를 고르면 당신은 더 많은 보수를 받을 수 있습니다(거짓)' 중 하나의 정보를 상대방에게 전달할 수 있다.

그렇다면 어둠의 3요소 성향이 높은 사람은 다른 참가자에게 거짓 정보를 알려줄까?

실험 결과 어둠의 3요소 중에서도 마키아벨리즘이 높은 사람일수록 거짓 정보를 전하려고 하는 것으로 밝혀졌다. 이 실험에서 거짓말은 비교적 계획적인 것으로, 마키아벨리즘의 전략적 타인 조작성 등의 특징이 영향을 준 것으로 판단된다.

어둠의 3요소의 거짓말 성향을 탐구하는 실험 ②
15초 동안 가로 4칸, 세로 3칸(총 12칸)짜리 표에 숫자를 적어 참가자에게 보여준다. 그리고 그 15초 사이에 12칸의 표에 적힌 숫자에서 합계 10이 되는 칸을 찾는 문제를 20세트 진행한다고 설명했다. 참가자에게는 10이 되는 조합의 칸을 발견했는지 발견하지 못했는지를 보고하고, 찾을 때마다 2.5유로씩 보수를 올려서 받을 수 있다고 알려준다. 또한 발견했는지 발견하지 못했는지를 보고하기만 하고, 어떤 칸이 해당하는지는 확인하지 않는다.

사실 이 20세트 중 실제로 10이 되는 두 가지 칸 세트는 13세트뿐이다. 따라서 '발견했다'라고 말할 수 있는 횟수는 최대 13번이다. 그렇다면 어둠의 3요소 성향이 높은 사람일수록 '찾았다'라고 말할 횟수를 13회보다 초과해서 말할 가능성이 있을까?

실험 결과 어둠의 3요소 중에서도 사이코패시가 높은 사람일수록 거짓말을 하는(즉 '찾았다'고 대답한 개수가 13개를 넘는) 것이 밝혀졌다.

실험 ②에서는 깊이 생각하지 않고도 거짓말을 할 수 있는 상황이었기 때문에 사이코패시의 충동성이 영향을 끼쳤다고 생각된다.

앞의 두 가지 실험을 통해, 어둠의 3요소 중 나르시시즘이 높다고 해서 반드시 거짓말을 하지는 않는다는 점도 동시에 확인됐다. 나르시시즘이 거짓말을 하는 상황은 언제일지를 생각해보면, 이 결과는 바로 해석이 가능하다. 나르시시즘이 높은 사람은 자신이 인정받거나 대단하다고 평가받을 수 있도록 '이야기를 과장'하여 거짓말을 할 것이다.

하지만 이번 실험에서는 그러한 인정 욕구나 칭찬 욕구와는 전혀 관련이 없었다. 그래서 나르시시즘이 높은 사람에게는 거짓말을 할 특별한 동기가 없었다고 볼 수 있다.

갑질이나 정신적 폭력을 가하는 사람은 어둠의 3요소 성향이 높을까?

어둠의 3요소에서 서로 공통하는 세 가지 특징으로서 '과도한 자기중심성', '타인 조작성', '냉담함'이 있다는 사실은 제1장에서 이미 소개한 바가 있다. 이러한 요소를 들여다보면 괴롭힘, 갑질, 정신적 폭력(moral harassment) 같은 가해성을 느낀 독자도 많을 것이다.

예상대로 어둠의 3요소 성향이 높으면, 어떤 종류의 괴롭힘이든 관여한다. 것이 수많은 연구에서 지적받고 있다. 갑질이나 정신적 폭력은 직장 내 괴롭힘(workplace bullying, 직장에서의 불합리한 요소나 괴롭힘)이나 심리적 학대(psychological abuse, 가정 내를 포함하는 다양한 방면에서의 정신적 괴롭힘)라는 용어로 연구가 진행되고 있다.

657명을 대상으로 실시한 홀리 바우먼 외 연구진(Baughman et al., 2012)의 조사에 따르면 직장 내 괴롭힘을 신체·직접적 형태(완력으로 밀거나 잡아당김), 언어·직접적 형태(다른 누군가를 상처 주거나 위협), 간접적 형태(누군가에게 보복하려는 목적으로 특정 인물과 친구가 되는 등)의 세 가지로 직장 내 괴롭힘을 설정했다. 그러자 어느 형태든 어둠의 3요소 성향이 높은 사람일수록 저지르기 쉬운 것으로 드러났다. 이러한 성향은 스웨덴(Dåderman & Ragnestål-Impola, 2019)이나 스페인(Fernández-del-Río et al., 2020), 베트남(Tam & Ha, 2023)처럼 다양한 지역에서도 크게 일치하는 결과를 보인다.

일본 내 조사에서도 어둠의 3요소, 특히 나르시시즘과 사이코패시가 높을수록 고압적인 태도로 협박이나 위협을 가해서 강제적으로 사람을 조종하려는 경향이 확인되고 있다(木川智美·今城周造, 2022).

한편 마키아벨리즘이 높은 사람은 감언이설로 사람을 조종하는 방법을 이용하는 것으로 드러났다. 어둠의 3요소는 갑질 경향이 높지만, 마키아벨리즘은 상황에 따라 당근과 채찍을 적절하게 병행한다고 할 수 있다.

괴롭힘의 피해자가 되기 쉬운 마키아벨리안

스페인 근로자를 대상으로 한 연구에서 한 가지 더 흥미로운 결과를 발견했다. 그것은 마키아벨리즘이 높으면 괴롭힘의 대상이 되기도 쉽다는 점이다.

의외라는 반응을 보이는 사람도 많을 것이다. 마키아벨리즘이 높은 직장 상사에게 불만 사항을 말하면 안 좋은 결과로 이어진다는 것은 쉽게 예상할 수 있다. 그래서 불합리함을 느끼더라도 지시를 거스르는 행동은 주저하기 마련이다. 하지만 동료나 친구가 마키아벨리즘이 높다면 어떻게 될까? 마키아벨리안의 타인을 대한 공격성이나 도덕성 경시 행동은 비난의 대상이 된다. 그렇게 생각하면 마키아벨리즘이 높은 사람이 괴롭힘의 대상이 되기 쉽다는 말에 수긍이 갈 것이다.

갑질뿐만 아니라 연애 관계나 부부 관계에서 일어나는 정신적 폭력도 어둠의 3요소 성향이 높은 사람에게 특징적이라는 사실을 알 수 있다. 이것은 어둠의 3요소 중에서도 특히 사이코패시, 그리고 일상적 사디즘이 높은 사람에게 특징적이다(Fontanesi et al., 2024).

필자 역시 대학생을 대상으로 한두 가지 조사를 통해 어둠의 3요소 성향이 높으면 데이트 폭력을 가하기 쉽다는 점을 검증했다. 데이트 폭력에는 구타, 구속뿐만 아니라 소리 지르거나 상대방을 비하하는 언행 등도 포함하여 설정했다. 이것은 가정 내에서의 정신적 폭력 항목에도 포함된다고 할 수 있다.

분석 결과, 예상대로 어둠의 3요소 성향이 높은 사람일수록 이러한 정신적 폭력 행위를 가하기 쉬우며, 특히 사이코패시에게 유독 잘 나타난다는 사실이 밝혀졌다.

이러한 연구들을 종합해보면 정신적 폭력은 어둠의 3요소 중에서도 특히 사이코패시와 관련이 있음을 알 수 있다. 그래서 마음에 들지 않는 것이 있으면 공격성이 표출되어 바로 손찌검하거나 통제하려는 모습을 보이는 것이다. 일상적 사디즘과 정신적 폭력의 관련성도 타인을 향한 공격성이 정신적 폭력에서 기인하는 것이라고 볼 수 있다.

남녀 모두 낮은 페미니즘 & 미소지니

어둠의 3요소 성향이 높은 사람은 연애 상대에 대해 정신적 폭력을 가하기 쉽다고 앞서 설명했다. 여기에는 타인에 대한 공격성이 영향을 주고 있다고도 함께 소개했는데, 젠더관도 영향을 주고 있을지도 모른다.

특히 남성의 여성에 대한 정신적 폭력은 미소지니(misogyny, 여성에 대한 혐오, 경멸, 뿌리 깊은 편견)적인 태도 등과의 관련성이 의심된다.

실제 어둠의 3요소 성향이 높은 사람일수록 페미니즘 경향이 낮은 것으로 나타났다(Douglass et al., 2023).

어둠의 3요소 성향이 높은 남성이 페미니즘 경향이 낮은 것은 어느 정도 수긍이 되지만, 흥미롭게도 이 연구에서는 어둠의 3요소 성향이 높은 여성도 페미니즘 경향이 낮은 것으로 드러났다.

이 점은 아직 수수께끼에 싸여있는 부분이다. 한 가지 설명하자면 어둠의 3요소 성향이 높은 여성에게는 다른 여성과 협력하거나 여성의 권리를 주장하기보다는 현재의 남성 중심 사회를 지지하는 편이 더 이득일지도 모른다. 물론 남성 중심 사회에서 더 이득을 볼 수 있을지 의문을 품을 수도 있다. 그러나 여성의 일할 권리를 주장하기보다, 남성은 일하고 자신은 전업주부로 있고 싶어 하는 사람이 있다는 점을 생각하면 조금은 납득이 간다.

또한 남성 참가자를 대상으로 어둠의 3요소와 성차별(sexism)의 경향(여성은 쉽게 기분을 상하게 만든다, 여성은 남성에게 사랑받고 보호받아야 한다는 등의 사고방식) 관련을 검증한 마리아 패트리샤 나바스 팀(Navas et al., 2022) 연구에서도 어둠의 3요소 성향이 높은 사람일수록 성차별, 특히 여성에 대한 부정적인 성차별 경향이 높은 것으로 나타났다. 더욱 직접적으로 어둠의 3요소 성향이 높을수록 미소지니 경향이 높다는 결과도 보인다(Pineda et al., 2024).

여성 중에서도 어둠의 3요소 성향이 높은 사람은 페미니즘 성향이 낮다는 점을 생각하면, 여성에 대한 성차별 경향이 여성 참가자들에게서 보이는 것도 이상하지 않다. 사실 남자 상사에게 성희롱을 당한 여성의 시나리오에 대해, 어둠의 3요소 성향이 높은 여성일수록 남자 상사보다 여성 당사자를 비난하는 경향을 보였다(Brewer et al., 2021).

필자도 여성 혐오 경향(여성은 남자에게 순종해야 하며, 여성을 폭력·지배하는 것은 정당하다고 생각)이 어둠의 3요소와 관련하는지에 대해 검증해보았다. 그 결과 역시나 어둠의 3요소 성향이 높을수록 여성 혐오 경향이 두드러졌으며, 특히 사이코패시와의 관련성을 알 수 있었다.

이처럼 어둠의 3요소 성향이 높으면 남성 우월사회를 지지하는 경향이 있다. 이 현상을 생각하면 남성의 여성을 향한 정신적 폭력 등은 공격성뿐만 아니라 성차별에 따른 영향도 있을 것이다. 또한 흥미롭게도 여성 자신까지 어둠의 3요소 성향이 높을수록 남성 우월사회를 지지하는 경향을 보였다.

샤덴프로이데, 심각한 불행을 통해서는 나타나지 않는다

어둠의 3요소 성향이 높은 사람뿐만 아니라 대부분의 사람이 자각하는 부정적인 감정이 질투다. '나보다 더 좋은 차를 타다니', '예쁜 애는 대접받아서 좋겠다' 등의 감정이 일시적으로라도 해소될 때는 바로 상대방이 작게라도 불행을 접했을 때이다. '다른 사람의 불행을 보면 밥이 꿀맛', 즉 '쌤통'이라고 여기는 감정을 심리학에서는 샤덴프로이데(Schadenfreude)라고 부른다.

참고로 샤덴프로이데는 생각보다 사소한 불행을 통해 나타난다. 반대로 말하면 심각한 불행(예를 들면 사고로 인한 사망 등)에서는 일반적으로 샤덴프로이데가 발현되지 않는다.

샤덴프로이데를 느끼는 데는 개인차가 있는데, 그렇다면 어둠의 3요소 성향이 높은 사람은 샤덴프로이데도 느끼기 쉬울까?

결론부터 말하자면 그렇다. 그것을 나타낸 스티븐 포터 팀(Porter et al., 2014)의 실험을 소개하고자 한다.

참가자에게 먼저 불행을 겪은 4명의 사진을 보여주었다. 단,

4명 중 2명의 불행은 심각한 불행(이 실험에서는 체포, 유죄판결 등을 제시했는데, 이것은 불행이라고 말할 수 없다고 지적할 수도 있겠지만, '해당 인물에게는 최악의 상황'이라고 인식해주길 바란다), 나머지 2명의 불행은 일상적이고 소소한 불행(커피를 쏟거나 차에 흙탕물이 튀는 등)이었다.

사진을 본 후 각각 인물에 대해 얼마나 '쌤통'이라고 생각했는지 물었다.

또한 참가자가 사진을 보고 있는 때의 표정을 영상으로 촬영했는데, 그때 웃음의 강도를 수치화했다. 이는 참가자가 느낀 응답으로서의 '쌤통'뿐만 아니라 참가자 신체 반응까지 측정했음을 뜻한다.

이렇게 자가 응답·신체 반응으로서의 '쌤통', 즉 샤덴프로이데와 각 참가자의 어둠의 3요소 경향(마키아벨리즘, 나르시시즘, 사이코패시의 총득점)의 관련성을 검증했다.

그 결과 어둠의 3요소 성향이 높은 사람일수록 샤덴프로이데를 느끼기 쉬운 것으로 나타났다. 심지어 일상적인 불행뿐만 아니라 심각한 불행에 대해서도 샤덴프로이데를 느낀다고 응답한 것이다.

보통 심각한 불행을 통해서는 샤덴프로이데를 느끼기 어렵다.

하지만 어둠의 3요소는 타인을 향한 적개심이 강하며, 냉담한 특성도 있어 심각한 불행이라도 '불쌍하다'라는 감정보다는 '쌤통이다'라고 느끼는 것이다.

신체 반응으로서의 샤덴프로이데와 함께 살펴보면 조금 재미있는 양상이 눈에 띈다. 자가 응답에서 어둠의 3요소 중 나르시시즘만은 높으면 높을수록 심각한 불행에 대한 샤덴프로이데를 느낀다는 관계성을 보이지 않았다.[2] 하지만 신체 반응인 웃음 강도와의 관련성에서는 심각한 불행에 대해 마키아벨리즘, 사이코패시와 마찬가지로 나르시시즘이 높을수록 웃음 강도가 강한, 즉 샤덴프로이데를 느끼는 것으로 나타났다.

이것은 나르시시즘이 샤덴프로이데를 자각하지 못했을 가능성도 있지만, 나르시시즘이 높은 사람은 자신이 좋은 사람으로 보이도록, 사실은 샤덴프로이데를 느꼈는데도 불구하고 막상 응답할 때는 느끼지 않는다고 응답했을 가능성도 있다.

어둠의 3요소가 선호하는 직업?

어둠의 3요소 성향이 높은 사람이 선호하는 직업은 몇 가지 있

---

2   나르시시즘이 높은 사람은 심각한 불행에 대해 샤덴프로이데를 느끼지 않는다는 의미가 아니다. 나르시시즘이 높은 사람 중에도 샤덴프로이데를 느낀다고 대답한 사람과 느끼지 않는다고 대답한 사람이 비슷한 비율로 확인됐다.

다. 직업 종류를 6개의 카테고리로 정리한 자료가 있는데, 이들 직업 중 어둠의 3요소가 어떠한 종류의 직업을 선호하는지 그 연구 결과(Jonason et al., 2014)를 〈표 9〉에 정리했다.

〈표 9〉에서 알 수 있듯이 사이코패시가 높은 사람은 개인 행동이 허용되거나 사람과의 연관성을 띠기보다는 혼자 하는 작업을 선호하며, 나르시시즘이 높은 사람은 다른 사람에게 어필할 수 있는 직업이나 사람들과의 연관성이 있는 직업을 선호하는 것을 알 수 있다. 한편 마키아벨리즘이 높은 사람은 오히려 다른 사람과의 관련성이나 자신을 어필하는 직업은 피하는 경향을 보였다(홀랜드 검사, Holland RIASEC). 기업적 직업을 선호하지 않는 것은 의외라고 생각할 수 있지만, 마키아벨리즘이 높은 사람은 부를 추구하므로 경쟁하며 애쓰는 것은 싫어할지도 모른다.

그리고 다른 직업 분류를 바탕으로 하는 연구에서도 비슷한 결과가 나타났다. 여기에서는 타인을 돌보는 일(환자를 치료하는 등), 실용(자전거 정비 및 수리 등), 문화적(연극이나 영화에 출연하는 것)이라는 세 가지 직업 타입을 각 어둠의 3요소 성향이 높은 사람이 선호하는지 검증했다. 직업의 6가지 카테고리로 결과에서도 예상되듯 사이코패시가 높을수록 실용적 직업을, 나르시시즘이 높을수록 문화적 직업을 선호하며, 마키아벨리즘이 높을수록 돌

제5장 | 자기 자신과 타인 내면의 악마를 파악하는 방법

표 9   **6가지 직업 카테고리와
각 어둠의 3요소 성향이 높은 사람이 선호하는 직업**

	사이코패스	나르시시스트	마키아벨리안
현실적 직업 (전기기술 등 사물·실용·실천에 관한 것)	+		
연구적 직업 (연구원 등 지성·사색·분석에 관한 것)			
예술적 직업 (소설가 등 창조·직관·표현에 관한 것)		+	−
사회적 직업 (간호사 등 친절·돌봄·협조와 관련된 것)		+	−
기업적 직업 (상품 트레이더 등 자기 주장적·야심적· 경쟁적인 것)	+	+	−
관습적 직업 (회계사 등 조직적·구조적·평가적인 것)		−	

'+'는 선호하는 직업, '−'는 기피하는 직업이다.

봄 관련 직업을 선호했다.[3]

어둠의 3요소의 이러한 직업 선호도 차이는 다른 연구에서도 대체로 일관된 결과를 보이고 있다(Kowalski et al., 2017).[4]

그렇다면 어둠의 3요소 성향이 높은 사람은 실제 자신이 선호하는 대로 직업을 선택했을까? 미셸 키야크(Kijak, 2016)의 연구에서는 네 가지 취업 영역군을 설정하여 그 의문을 검증하였다. 이 네 가지란 리더십 영역, 경쟁적 영역, 권위·권력 영역, 그 외 영역이다(〈표 10〉 참조).

〈표 10〉을 보면 나르시시즘과 사이코패시가 높은 사람은 자신이 선호하는 영역에서 일하는 듯 보이지만, 마키아벨리즘이 높은 사람은 직업의 6가지 타입에서 본 선호도와는 다른 직업을 택하기 쉽다. 마키아벨리즘이 높은 사람은 경쟁을 원하지 않지만, 실제 부를 추구하게 되면 경쟁적인 직업 영역에 종사하는 편이 가장 손쉽고 빠르게 목적을 달성할 수 있다.

정리하자면 어둠의 3요소 성향이 높은 사람은 타인과 협력하

---

[3] RIASEC 모델과는 달리 마키아벨리즘이 높은 사람은 문화 관련 직업도 선호한다. 한편 나르시시즘이 높은 사람은 돌봄 관련 직업은 선호하지 않는 것으로 나타났다.

[4] 이 연구에서는 나르시시즘이 높을수록 예술적인 직업·리더십에 관한 직업·사회적 관계와 관련된 직업을 선호하며, 마키아벨리즘이 높을수록 사회적 관계와 관련된 직업을 선호하지 않는 것으로 나타났다. 사이코패시도 사회적 관계와 관련된 직업보다는 과학 연구에 관련된 직업이나 리더십과 관련된 직업을 선호하는 결과를 보였다.

표 10 각 어둠의 3요소와 네 가지 영역에 종사하는 사람의 비율

마키아벨리안	나르시시스트	사이코패스
경쟁적 영역 ∨ 권위·권력 영역, 그 외 영역	리더십 영역 ∨ 권위·권력 영역	권위·권력 영역 ∨ 리더십 영역, 경쟁적 영역

거나 타인을 돌보는 대인관계·보조와 관련된 직업보다는 리더십이나 경쟁적 상황, 혹은 단독으로 업무를 진행할 수 있는 직업을 선호한다. 또한 해당 직업군에 취업할 가능성이 높다.

그 예로는 정치가나 법조인 등을 들 수 있다. 추가로 외과의사나 성직자는 얼핏 타인을 돌보는 직업처럼 보인다. 하지만 자신의 언변이나 사람들에게 추앙받는 입장 등을 생각하면, 이러한 직업도 어둠의 3요소 성향이 높은 사람이 선호하는 것으로 보인다.[5]

반면에 간호사나 내과의, 요양보호사처럼 타인과의 대화를 통해 업무가 이루어지는 돌봄 서비스 직업은 선호도가 낮은 것으로 보인다.

---

5 연쇄살인마 중에는 이러한 직업군에서 일하며 자기현시성을 위해 일부러 환자에게 독약을 먹이고, 사람들이 보는 앞에서 아슬아슬하게 겨우 목숨을 구해내기도 하는데, 흥미로운 점이라고 할 수 있다. 또한 환자가 움직이지 못한다는 점을 이용하여 사람들 몰래 폭력을 저지른 사례도 있다. 이 범인들의 어둠의 3요소가 어느 정도인지는 알 수 없지만, 아마도 일반인보다는 높을 것으로 추측된다.

표 11 학업 전공과 어둠의 3요소와의 관련성

마키아벨리안	나르시시스트	사이코패스
경제·비즈니스 ∨ 법학=정치학 ∨ 심리학	경제·비즈니스 ∨ 정치학=심리학	

그리고 직업 선택은 학생 시절의 전공이 영향을 줄 가능성이 있다. 안나 파착-베델과 도르테 키르케고르 톰센(Vedel & Thomsen, 2017)은 덴마크 내 487명의 학생을 대상으로 전공과 어둠의 3요소의 연관성을 검증했다. 대상으로 한 전공은 심리학, 경제·비즈니스, 법학, 정치학이다. 분석 결과는 〈표 11〉과 같다.

사이코패시에서는 전공에 따른 차이는 없었지만, 경제·비즈니스 전공은 다른 전공에 비해 어둠의 3요소 성향이 높은 것을 알 수 있다. 어둠의 3요소 성향이 높은 사람이 리더의 자리를 차지하는 것은, 이러한 사람들이 경제·비즈니스 전공을 많이 하는 것이 원인 중 하나일 수 있다.

제5장 | 자기 자신과 타인 내면의 악마를 파악하는 방법

어둠의 3요소 성향이 높은 것은 학대 탓?

유소년기의 성장 환경은 퍼스낼리티의 형성이나 정신 건강에도 커다란 영향을 끼친다. 어릴 적 부모의 싸움을 보며 폭력을 기억하고, 성인이 된 후 배우자에게 폭력을 가하거나 일상에서 폭력적인 행동을 보일 수 있다. 울거나 무엇인가를 요구할 때마다 혼나거나 맞게 되면서 부모와의 관계를 회피해온 습관들이 성인이 된 후에도 대인관계 구축에 어려움을 초래하기도 한다.

그렇다면 어둠의 3요소 경향이 높은 사람들의 성장 환경은 어땠을까?

제1장에서 어둠의 3요소는 유전의 영향도 있고, 환경의 영향도 있다고 설명했는데, 어둠의 3요소 경향이 높은 데는 공통된 환경 조건이 있을지도 모른다. 그리고 결코 양호하다고 말할 수 없는 성장 환경일 것이라고 예상하는 사람도 많을 것이다.

칼레스탄 연구팀(Kalestan et al., 2024)은 여러 가지의 학대 유형을 설정한 후, 어둠의 3요소와의 연관성을 검증했다. 그 결과 학대를 받을수록 어둠의 3요소 성향이 높다는 것을 확인했다. 여기에서 설정한 학대 유형은 다음과 같다.

▶ 신체 학대: 강한 구타 등

▶ 감정적 학대: 태어나지 말았어야 했다고 생각하는 것 등

▶ 성적 학대: 성적으로 접촉하는 것 등

▶ 감정적 방임: 소중하게 여긴다는 느낌이 없는 것 등

▶ 신체적 방임: 식사를 충분히 제공하지 않는 것 등

이 중에서도 어둠의 3요소 각 측면이 높은 사람은 감정적·신체적 학대를 더 많이 경험한 것으로 나타났다. 나르시시즘이 높은 사람은 신체적 학대를, 마키아벨리즘이나 사이코패시가 높은 사람은 성적 학대를 더 많이 경험한 것으로 드러났다.

다른 조사에서도 마키아벨리즘과 사이코패시는 아동학대를 받은 경험이 많았던 것으로 확인되었으며(Merluşcă & Chiracu, 2018), 마키아벨리즘만이 학대 경험과 관련이 있다는 주장도 있다(Taylor, 2021). 유전과 환경이라는 항목에서 나타나듯이 마키아벨리즘은 나르시시즘이나 사이코패시보다 가정 환경의 영향을 더 많이 받는다고 할 수 있다.

학대라고까지는 할 수 없지만, 부모의 양육 태도에도 개인차가 존재한다. 요나손 연구팀(Jonason et al., 2014)은 부모의 양육 태도의 질이 어땠는지 떠올려 대답하도록 하고, 그것이 어둠의 3요소

와 어떠한 관련이 있는지 검증했다. 예를 들면 부모가 애정을 퍼부었다거나(양육의 질이 높음), 감정적으로 차가웠다거나(양육의 질이 낮음) 등과 같은 태도를 말한다. 분석 결과 어둠의 3요소 성향이 높은 사람은 전체적으로 부모의 양육 질이 더 낮은 것으로 드러났다.[6]

유소년기의 가정 환경은?

더 포괄적인 시점에서 생각하자면 아이에게 유소년기의 불안정한 환경 전반이 어둠의 3요소 경향을 높일 가능성이 있다.

지금까지 열거한 학대 행위나 낮은 양육의 질뿐만 아니라 가정이 경제적으로 어려워 충분한 식사 혹은 보살핌이 이루어지지 않았거나 부모로부터의 불규칙한 돌봄, 매번 달라지는 대응 등은 아이에게 불안정한 환경 요소라고 할 수 있다. 실제로 이 관련성을 검증했더니 예상대로 불안정한 환경에서 자란 사람일수록 어둠의 3요소 성향이 높은 것으로 나타났다(Jonason et al., 2016).[7]

---

6 나르시시즘이 높은 사람은 아버지의 양육 태도만 질이 높은 것으로 확인됐다.
7 동시에 마키아벨리즘과 나르시시즘이 높은 사람일수록 어린 시절에 유복했다고 응답한다는 결과도 있었다. 그러나 이것은 성인이 된 후 과거의 일을 회상하여 응답하기 때문에 기억에 오류가 있을 가능성도 고려해야 한다.

하지만 환경 상태에 따라 세세하게 물어보는 형태로 재검증한 요나손 외 연구팀(Jonason et al., 2016)의 제3연구에 따르면, 모순된 점이 보이기도 한다(〈표 12〉 참조).

〈표 12〉를 보면 마키아벨리즘과 사이코패시가 높은 사람은 어린 시절의 환경은 안정적이지 못하였으며, 가혹하고 스트레스가 많았다고 인식하는 경향이 있었다.

반면에 나르시시즘은 오히려 풍족한 환경이었다고 인식하는 경

표 12　어둠의 3요소와 유소년기의 환경

	마키아벨리안	나르시시스트	사이코패스
어렸을 때는 안정적이었다	−		−
어렸을 때는 미래지향적이었다	−		
어렸을 때는 가혹했다	+		+
어렸을 때는 풍족했다	+	+	
어렸을 때는 좋았다		+	
어렸을 때는 힘들지 않았다		+	
어렸을 때는 스트레스가 많았다	+		+

'+'는 각 어둠의 3요소 성향이 높은 사람의 어린 시절이 해당 환경이었다고 인식한 것을 의미하며, '−'는 그 환경이 아니었다고 인식한 것을 의미한다.

제5장 | 자기 자신과 타인 내면의 악마를 파악하는 방법

향을 보였다. 나르시시즘은 부정적인 환경이 아닌 오히려 자신이 바라는 것은 얼마든지 손에 넣을 수 있는 듯한 환경에서 자란 것이 영향을 미쳤을지도 모른다. 이것은 나르시시즘은 어둠의 3요소의 구성 요소로 파악하기에는 마키아벨리즘과 사이코패시와는 성질이 다르다는 견해의 근거가 되기도 한다(→제1장). 한편 나르시시즘은 모든 일을 긍정적으로 생각하는 경향이 있으므로 실제로는 안 좋은 환경이었다 할지라도 긍정적인 형태로 바꿔 받아들일 가능성도 있다.

또 하나의 모순점으로서 마키아벨리즘이 높은 사람은 어린 시절 가혹했다고 응답한 동시에 유복했다고 응답하는 경향도 확인됐다. 이것은 모순되지만, 어쩌면 원하는 것은 얼마든지 손에 넣을 수 있지만, 부모의 대응이 일관되지 않은 가정 환경이었기 때문일지도 모른다. 하지만 다른 연구와의 정합성을 고려했을 때 현재로서는 확실하다고 말할 수 없다.

이 연구들을 통해 전체적으로 생각할 수 있는 것은 적어도 마키아벨리즘과 사이코패시가 높은 사람은 어린 시절 가혹한 환경을 경험했을 가능성이 있다는 점이다. 연구 내용 사이에도 모순이 있을 수 있으며 인간의 기억은 다른 기억으로 간단히 덧칠할 수 있다. 그러므로 '가혹한 가정 환경'의 효과가 어디까지 영향을

끼치는지는 더 많은 연구를 통해 판단할 필요가 있다.

이러한 토론을 할 때는 주의점이 있다.

연구 결과를 보면서 마치 어둠의 3요소 성향이 높은 사람은 모두 학대를 경험했다거나, 양육 방식이 좋지 않으면 반드시 어둠의 3요소 경향이 높아진다고 받아들이기 쉽다는 것이다. 그러나 반드시 그렇지만은 않다.

애초에 학대는 대부분의 사람이 하지 않는 매우 드문 행위라고 할 수 있다. 그 흔치 않은 행위를 경험한 사람 중에는, 어둠의 3요소 성향이 높은 사람이 낮은 사람보다도 비율이 더 높다는 걸 파악해야 한다.[8]

그리고 가정 환경의 불안정함 역시 마찬가지로, 어둠의 3요소 성향이 높은 사람을 보며 그 사람의 부모나 가정 환경이 나쁘다고 간단히 결론을 내리는 것은 옳지 않다.

---

8 물론 학대 행위를 경험하지 않은 사람 중에도 어둠의 3요소 성향이 높은 사람·낮은 사람, 그리고 학대 행위를 경험한 소수의 사람 중에도 어둠의 3요소가 낮은 사람은 존재한다. 따라서 '어둠의 3요소 성향이 높은 사람은 어린 시절에 학대 행위를 받은 사람이다'라고 일대일 대응하여 말하는 것이 아니다.

제5장 | 자기 자신과 타인 내면의 악마를 파악하는 방법

진짜로 피해자일까?
애초에 피해자 의식을 갖기 쉬운 것일까?

어둠의 3요소와 피해자 시그널링에 대해 설명했는데(→144쪽), 피해자 시그널링은 실제 피해 여부는 관련이 없었다. 그렇다면 애초부터 어둠의 3요소 성향이 높으면 '실제로' 피해를 보기 쉽거나 피해자 의식을 품기 쉬울까?

어둠의 3요소, 특히 마키아벨리즘이나 사이코패시가 높은 사람은 모욕을 당하거나 친구들 사이에서 소외되는 일이 많다는 보고가 있다. 따라서 적어도 '피해자'라는 인식은 어둠의 3요소가 낮은 사람보다도 높을 것으로 생각된다.

어둠의 3요소 성향이 높은 사람은 분노나 질투처럼 부정적인 감정을 품기 쉽다는 것이 수많은 연구를 통해 알려졌다. 그리고 그 점이야말로 각 퍼스낼리티의 특징이라 할 수 있다. 예를 들면 마키아벨리즘은 다른 사람에 대한 불신이나 적개심이 하나의 특징으로 들 수 있고, 사이코패시도 마찬가지로 다른 사람에 대한 적개심이나 공격성을 보인다. 또한 나르시시즘의 '취약한' 측면은 사람들이 자신을 어떻게 보고 있는지를 과도하게 의식하는 경향이 있어, 작은 것에도 부정당했다고 느낄 수 있다.

한편 '실제로' 어둠의 3요소 성향이 높은 사람이 피해자가 되기 쉽기도 하다. 쉬 샤오펑 외 팀(Xu et al., 2024)의 연구에서는 각 어둠의 3요소 성향이 높은(낮은) 가공의 인물이 얼마나 배척당하는지를 조사했다. 〈표 13〉처럼 기본 프로필을 만든 후, 6가지 타입의 프로필로 분류했다.

참가자는 먼저 이 프로필 중 하나를 읽는다. 그런 후 그 인물이 참가자가 소속된 동아리에 들어오고 싶어 한다는 사실을 알려준다. 그리고 그 인물을 어느 정도로 배척할 것 같은지(예: 그 인물을 무시한다)를 측정했다.

그 결과 어둠의 3요소의 모든 요소가 있어도, 해당 성향이 낮은 인물보다는 높은 인물 쪽을 배척하고 싶다고 평가한 것으로 드러났다.

연구팀은 동시에 이러한 현상이 어둠의 3요소 특징 중에서도, 특히 '이기적'이라는 특징이 사람들에게 배척당하는 포인트가 된다고 밝혔다.

이들 연구를 보면 어둠의 3요소 성향이 높은 사람은 피해자 의식을 느끼기 쉽다는 것도 맞지만, 실제 사람들에게 소외되는 등 피해자가 되는 경우도 많다고 생각된다. 이것은 마키아벨리즘이 높은 사람이 직장 내 괴롭힘의 대상이 되기 쉽다(→179쪽)는 것

제5장 | 자기 자신과 타인 내면의 악마를 파악하는 방법

표 13 샤오밍의 6가지 퍼스낼리티 중 배척당하기 쉬운 것은?

샤오밍의 기본 프로필

샤오밍은 20살로, 근처 레스토랑에서 아르바이트를 하고 있다. 그는 여유가 생길 때면 영화를 보거나 음악 감상을 하고, 외출하여 시간을 보내는 것을 좋아한다. 평소에는 수업을 듣고, PC로 작업한다. 그리고 저녁 식사 후에는 텔레비전을 본다. 그는 범죄 관련 프로그램을 좋아하는데, 퀴즈 프로그램도 좋아한다.

6가지 패턴의 프로필로 분류

	낮음	높음
마키아벨리즘	샤오밍은 다른 사람의 영향을 받기 쉬우며, 우호적이다. 도덕에 주의를 기울이며, 안정된 환경을 추구하는 사람이다.	샤오밍은 유연성이 있고, 조작적이고 교활하며 실리와 결과를 지향한다. 도덕적으로는 둔감한 인물이다.
나르시시즘	샤오밍은 소극적이지만 성실하다. 공평한 사람이며, 거만한 인물이 아니다.	샤오밍은 화려하고 거만하다. 항상 주목받고 칭찬받기를 원하며, 자만심·우월감이 있다. 권위적이다.
사이코패시	샤오밍은 감정적으로 안정되어 있고 정직하고 공감적인 사람이다. 또한 공격적이지 않은 인물이다.	샤오밍은 충동적이며 스릴을 추구한다. 공감성이 결여되어 있으며 냉담하고 정직하지 않다. 반사회적인 인물이다.

과도 일치한다.

  물론 연구에서 설정한 상황이나 현실에서는 집단의 규율을 무너뜨리지 않는 것이 매우 중요하며, 어둠의 3요소의 이기적인 특징이야말로 그 규율을 무너뜨릴 가능성이 높은 것도 사실이다.

  어둠의 3요소가 낮은 사람들이 모인 집단은, 어둠의 3요소 성향이 높은 사람들을 배척하여 질서를 유지하고 있는지도 모른다.

제6장

마음속 악마를 길들이는 법

내면의 어둠의 3요소 성향을 알아내려면?

여기까지 읽으면서 '어쩌면 나는 어둠의 3요소 성향이 높을지도 몰라'라고 생각한 독자가 있을지도 모른다. 실제로 지금까지 열거한 어둠의 3요소 성향이 높은 사람의 사고방식이나 행동을 보며, 스스로 어딘가 짚이는 데가 있는 사람도 있을 것이다.

그러나 누차 설명하지만, 일시적으로 그러한 사고방식이나 행동을 보이거나 혹은 상황에 따라 나타나거나 나타나지 않거나 하는 것은 오히려 평범한 모습이라고 할 수 있다. 어둠의 3요소 성향이 높은지 여부는 그러한 경향이 일관되게 나타나거나 어느 정도 상황이 달라져도 변하지 않는 특징으로 알 수 있다.

중요한 점은 키나 몸무게처럼 어둠의 3요소의 경향은 평균 정도의 사람이 가장 많으며, 그것을 중심으로 높은 성향과 낮은 성향을 가진 사람도 비슷한 비율로 존재한다는 사실이다. 조금 높거나 낮은 사람이 대부분이며, 일반적인 수준에 비해 그럭저럭 높은 편(낮은 편)인 사람들도 나름 존재한다.

오히려 그러한 경향이 높을지도 모른다며 불안해하거나 의기소침해지는 사람은 아마도 어둠의 3요소가 높지 않을 것이다. 왜냐하면 어둠의 3요소 성향이 높은 사람은 자기중심적이며, 다른 사람의 기분은 고려하지 않으므로 '사람들이 날 싫어하면 어떡하지? 민폐를 끼치고 있었을지도 몰라. 혹은 문제를 일으킬지도 몰라'와 같은 생각에 빠져 불안해하는 일은 거의 없기 때문이다.

어쩌면 자신의 어둠의 3요소 경향이 높아서 다른 사람들과는 다른 특별감을 느끼며 흡족해하는, 어둠의 3요소 경향이 높은 사람도 있을지도 모른다. 왜냐하면 어둠의 3요소 성향이 높은 사람은 사람들을 지배하려고 하거나 사람들을 아래로 내려다보며 무시하는 경향이 있기 때문이다. 따라서 어둠의 3요소 성향이 높은 것에 우월감을 느끼는 사람은 '다른 사람과는 다른 나만의 개성'이라기 보다는 '다른 사람에게는 없는 특별한 성질을 갖고 있는 나'라는 형태로 특별하다는 감각을 가진다.

어찌 되었든 객관적으로 자가 분석을 하고 싶다면, 신뢰할 수 있는 측정척도를 이용할 수밖에 없다.

저자인 나 역시도 자가 분석을 한 적이 있다. 이전에도 언급했지만, 내 어둠의 3요소 경향은 모두 평균보다 높은 편이다. 실제 예상대로의 결과에 크게 동요하지 않았으며, 문제 행동이나 다른 사람에게 민폐를 끼칠만한 행동을 해도 '(당연히 미안한 마음은 있지만) 이미 저지른 일이니 어쩔 수 없지'라고 뻔뻔하게 굴기도 한다(물론 상대방에게 그 모습을 들키지 않도록 조심하려 하지만, 지금까지의 연구들을 보면 그러한 생각도 어쩌면 들켰을 가능성이 높다).

 당연히 여러분도 자가 분석이 가능하다. 다만 어둠의 3요소의 척도 분석을 하고 있다고 의식하면, 응답에 선입견이 들어갈 우려가 있다. 가능한 한 객관적으로, 특히 일반적으로는 사람들에게 손가락질 받을만한 항목에 대해서도 솔직하게 응답해야 하며, 제대로 응답할 수 있는 상황에서 실시할 필요가 있다. 가령 모두가 즐겁고 신나게 떠드는 상황에서 평가하게 되면, 정확한 측정은 어려울 것이다.

인터넷상에 있는 어둠의 3요소 테스트를 신뢰해도 될까?

그렇다면 자기 자신의 어둠의 3요소 정도(레벨)를 알기 위해서는 어떻게 하면 좋을까? 나중에 소개하겠지만, 자가 체크할 수 있는 질문 항목은 논문으로 발표되어 있다.[1]

 그러나 인터넷상에 넘쳐나는 어둠의 3요소 테스트는 타당성(의

---

1 이제는 학술논문을 인터넷상에서 무료로 관람할 수 있다. 실제로 인터넷에서 검색해보면 척도 작성에 관한 논문도 인기가 있다. 모든 논문이 반드시 적절한 타당성 검증을 거치고 있다고는 할 수 없지만, 적어도 타당성 검증의 이론적 배경이나 프로세스가 상세히 서술되어 있다. 그 내용이 적절하다면, 올바른 타당성 검증을 거친 척도로서 신뢰할 수 있다.

제6장 | 마음속 악마를 길들이는 법

도하고 있는 것을 측정하고 있다는 담보)은 검증되어 있지 않으므로 대부분은 신뢰하면 안 된다고 생각해도 무방하다. 제대로 된 테스트와 그렇지 않은 테스트의 큰 차이는 바로 그 점에 있다.[2]

게다가 쉽게 접할 수 있는 인터넷상의 사이코패스 진단 테스트[3]는 완전히 어긋난 내용으로 측정하고 있는 것으로 보인다. 예전에 내 제자 중 한 명도 여기에 흥미를 품고 '사이코패스 진단은 진짜로 사이코패스(사이코패시가 극도로 높은 사람)를 추출할 수 있을까?'라는 주제로 연구를 진행했다. 하지만 아쉽게도 전혀 추출 효과가 없는 것으로 나타났다.

그 연구에서는 항간에 넘쳐나는 사이코패스 진단을 여러 개 수집하였고, 그 질문에 대한 '사이코패스 응답'이 많은 사람일수록 '올바른 기준으로 측정한 사이코패시'와 관련이 있는지를 검증했다. 만약 인터넷상의 사이코패스 진단에 타당성이 있다면, 사

---

2 도구로 사용된 질문 항목 설정의 타당성 여부가 전제된다. 따라서 질문 항목을 사용한 조사 이전에 '이 질문 설정은 측정하고 싶은 것을 제대로 측정하고 있으므로 타당성이 있다'라고 나타내는 것만으로도 학술논문으로서 발표할 수 있다. 인터넷상의 테스트라 할지라도, (거의 본적은 없지만) 어떠한 형태로든 타당성이 검증되어 그것이 논문 등으로 발표된 것이라면 신용할만한 테스트라고 판단해도 좋다.

3 예를 들면 '남편의 장례식 중, 그곳에 온 남편의 동료에게 첫눈에 반한 부인. 그날 밤에 아들을 살해했다. 그 이유는 무엇일까?'라는 질문에 대해, 일반적인 대답은 '새로운 사랑에 아들이 방해되었기 때문에' 등이다. 그런데 '아들의 장례식에서 한 번 더 그 남자를 만날 수 있기 때문에'라고 대답하면 사이코패스라고 진단하는 것이다.

이코패스 응답 수가 많은 사람일수록 학술적인 기준으로 측정한 사이코패시 득점도 분명 많을 것이기 때문이다. 하지만 실제로는 관련성은 보이지 않았다.

이러한 진단 외에도 TV 등에서 접할 수 있는 '여기에 다양한 도형이 있습니다. 가장 마음에 드는 도형을 고르세요(당신의 ○○을 알 수 있습니다!)'와 같은 테스트는 대체로 안 맞는다. 심리학이 아닌 하나의 심심풀이로 즐기길 바란다.

MBTI 검사도, 혈액형 진단도 믿지 마라

추가로 인터넷상에 떠도는 성격 테스트에 대하여 주의해야 할 점을 알려주고자 한다.

요즘 유행하는 'MBTI 검사' 등이 이에 해당하는데, 이러한 테스트들은 '있다/없다'처럼 이분법적인 해석이 이루어지기 쉽다(또한 MBTI 검사의 정확성 자체도 학술적으로는 의문시되고 있다). 이러한 퍼스낼리티의 평가 방식은 유형론적인 접근이며, 적어도 학술적으로는 일반적이지 않다(단, 범죄자 프로파일링의 범인 추정 등의 유형론적 접근이 이루어지는 경우가 없는 것은 아니다).

왜냐하면 유형론은 대상 인물을 다시 한번 정해진 복수의 전형 유형 중 어느 것에 해당하는지 등을 생각하기 때문이다. 하지만 대부분은 전형 유형에 완전히 일치하지 않거나 여러 유형에 걸쳐 해당하기도 하고, 혹은 모든 유형에 해당하지 않는다.

그리고 어떠한 특정 유형에 해당하느냐에 따라 그 유형의 전형적인 특징에만 주목하고, 그렇지 않은 특징이 무시되거나 경시되기도 한다. 즉 그것은 필연적으로 그 인물의 특징을 정확히 파악하지 못하게 된다.

또한 유형론적인 접근 그 자체가 문제가 되진 않지만, 사회에서 오해가 생기기 쉬운 것도 사실이다. 유형론적 접근은 직관적으로 이해하고 받아들이기는 쉽지만, 그 인물의 특징을 정확히 파악하지 못하는 것은 물론, 그 전형성을 바탕으로 판단하지 못한다. 이것은 때때로 편견이나 판단을 조장하기도 한다.

혈액형 진단은 전형적인 유형론 사고방식을 바탕으로 한다. 이 진단 때문에 자기중심적이라고 지적받은 B형들은 안 좋은 경험을 겪기도 하고, 여러 형태로 편견을 받았을지도 모른다.

혈액형 진단은 원래 각 혈액형의 전형성도 근거가 부족하다는 지적을 받고 있으며, 유형론적 접근 여부 이전에 퍼스낼리티를 판단하는 수단으로서 성립하지 않는다는 점에 주의하길 바란다.

어둠의 3요소 테스트는
어떠한 방면에서 실시되고 있을까?

인터넷상에는 불확실한 정보들이 많이 있지만, 어둠의 3요소에 관해서는 새로운 개념이라는 특성도 있어서인지 의외로 정보 자체는 많지 않은 편이다. 그렇기 때문에 정보를 비교하거나 제대로 살펴볼 수 없다. 따라서 불확실한 정보를 가려내기 어려운 측면이 있다.

　예를 들면 인터넷상에는 '어둠의 3요소 테스트는 주로 경찰이나 재판소, 정신상태 검사나 정신병동, 그리고 대기업에서 사용되고 있다'처럼 그럴듯한 설명이 있다. 하지만 상식적으로 생각해봐도 그러한 경우는 거의 없다.

　진단의 맥락이 아닌 학술 연구의 맥락 등에서 측정은 할지도 모른다. 그러한 경우를 제외하면 방금 열거한 내용처럼 조직·기관에서 어둠의 3요소를 측정하여 판단할 리가 없다.

　원래 어둠의 3요소 측정은 주로 일반인의 개인차를 측정하는 것을 목적으로 한다. 따라서 예를 들면 사이코패스라고 '진단'받을 정도로 사이코패시가 높은 사람을, 일반적인 어둠의 3요소 측정으로 검출할 수 없다.

앞에서 소개했지만, 어둠의 3요소 측정척도는 일반인의 개인차를 측정하는 데 중요하다. 그렇게 때문에 극단적인 수준을 측정하기에는 점수의 범위가 너무 좁다.

물론 어둠의 3요소를 구성하는 각 퍼스낼리티를 개별적으로 측정하는 도구에서는, 이른바 '일탈 레벨'을 측정하기도 한다. 하지만 적어도 어둠의 3요소라는 틀에서의 측정이 임상 평가에 이용되는 것은 없을 것이다(적어도 일본에서는).

또한 각 기관의 역할을 생각해봐도 어둠의 3요소 테스트를 하는 의미는 크지 않으리라고 추측된다.

어둠의 3요소 테스트는 경찰도 이용하고 있을까?

경찰이 이용하는 경우는 학술적인 목적을 제외하면, 범인 검거를 목적으로 한 조사나 취조가 이루어질 때일 것이다. 그러나 피의자가 어떠한 퍼스낼리티여도 범죄 사실은 달라지지 않으며, 그 범죄 사실을 바탕으로 피의자의 향후 처우가 결정된다.

그래서 적어도 범죄 조사나 검거까지의 과정에서 어둠의 3요소를 측정하는 의미는 크지 않다고 볼 수 있다.

어둠의 3요소 테스트는 대기업에서도 이용하고 있을까?

대기업에서 어둠의 3요소 테스트를 이용하고 있는지는 명확히 알 수 없지만, 이용하고 있더라도 실질적인 판단 기준이 되지 못할 것이다.

그도 그럴 것이, 자기 보고식의 설문조사인 어둠의 3요소 테스트는 응답자가 얼마든지 거짓말을 할 수도 있어 정확한 측정을 기대하기 힘들기 때문이다.

'다음 항목에 당신은 얼마나 해당하는지 평가하시오' 등의 설명 아래에 있는 '나는 외향적이다'와 같은 복수의 항목을 보자. '전혀 그렇지 않다(1점)~매우 그렇다(5점)'의 범위에서 평가한 후, 합계 점수를 그 사람의 퍼스낼리티 점수로 삼는다.

응답자와 실시자 사이에 이해관계가 없다면, 응답자는 거짓말을 할 때의 장점이나 거짓말을 하지 않을 때의 단점이 없어서 생각나는 그대로 응답할 것이다.[4] 하지만 기업의 채용과 관련된다면 이야기는 달라진다. 아마도 응답자는 그 기업이 추구하는 인물상

---

4 정확히는 이러한 '전제'를 바탕으로 연구가 진행되고 있다. 그러나 실제로는, 전제와는 달리 장단점이 없음에도 불구하고 자신을 더 좋게 보이게 하려는 의도에서 거짓으로 응답할 가능성도 있다. 특히 이러한 반사회적 성향을 측정하는 척도에서 종종 지적되고 있다. 그러나 제대로 개발된 척도는 이 점도 고려하여 그 타당성을 검증하고 '적어도 이해관계가 없는 연구적인 맥락에서 어느 정도는 정확하게 측정이 이루어지고 있을 것이다'라는 증거와 함께 공개되고 있다.

에 적합하도록 응답할 것이다. 만약 '나에게는 다른 사람을 조종해서라도 내가 원하는 대로 업무를 추진하는 경향이 있다' 등의 항목이 있다면, 아무도 4나 5처럼 높은 점수를 얻도록 체크하지는 않을 것이다.

따라서 어둠의 3요소 테스트를 포함하는 자기 보고식 퍼스낼리티 테스트에 기반하는 채용 판단은 시행하지 않거나, 실시한다고 해도 그것은 부적절한 채용 판단이 될 것이다.

앞에서 언급한 이러한 정보가 왜 유포되고 있을지 조사한 결과, 해외사이트에서 해당 내용을 주장하는 내용들이 있었다. 그 중에는 '이 테스트는 과학적으로 타당성이 검증되었다' 등의 설명이 기재되어 있기도 했지만, 그 근거가 되는 문헌 정보는 표시되어 있지 않았다. 따라서 '제대로 된' 척도라고 보기에는 수상하다고 볼 수밖에 없었다.

그 외의 어둠의 3요소 측정척도

그 외의 척도로는 타무라 외 연구진(田村紋女 et al., 2015)이 작성한 'DTDD(Dark Triad Dirty Dozen)'라고 불리는 척도와 시모츠카

사·오시오(下司忠大·小塩真司, 2017)가 작성한 'SD3'이라는 척도가 있다. 이러한 척도는 여러 문장에 대해 자신이 각각 그 문장에 어느 정도 해당하는지 5단계 정도로 평가하고, 그 합계 점수를 최종 어둠의 3요소 점수(혹은 마키아벨리즘 점수·나르시시즘 점수·사이코패시 점수)로 삼는 것이 일반적이다.

이 항목에는 '나는 돈을 얻기 위해 그 사람에게 아부한다(마키아벨리즘)', '나는 리더로서의 소질이 있다(나르시시즘)', '나는 사람들에게 피해를 주는지에 대해 생각하지 않고 행동한다(사이코패시)' 등이 있다.[5]

이러한 문장 하나하나에 어느 정도로 해당하는지는 크게 중요하지 않다. 어떤 문장에는 많이 일치하는데, 또 어떤 문장에는 전혀 일치하지 않기도 한다. 각각의 문장에 대해 해당하는지 해당하지 않는지가 아닌, 전체의 득점(합계 점수나 평균 점수)으로 어둠의 3요소 정도를 판단한다는 점이 중요하다.

이러한 척도들은 논문(일본어)에 게재되어 있으며, 누구라도 무료로 접할 수 있다. 또한 어둠의 3요소로만 측정하는 것이 아닌

---

5   이것들은 저자가 임의로 만들어낸 예시이므로, 반드시 논문을 참조하길 바란다. 인터넷에서 'the Japanese Version of the Dark Triad Dirty Dozen (DTDD-J)'나 'the Japanese Version of the Short Dark Triad(SD3-J)' 등으로 검색하면 확인할 수 있다.

각 측면을 각각 개별적으로 측정하는 척도도 지금까지 여러 차례 발표됐다. 그것들도 무료로 공개되어 있다(단, 마키아벨리즘을 측정하는 척도는 논문 저자에게 연락할 필요가 있다). 모두 '득점화'라는 의미에서 방식은 동일하다.

또한 이 척도의 항목(문장)은 각 어둠의 3요소를 반영하는 것이므로 구체적인 행동 패턴이나 심리 메커니즘 경향도 자각할 수 있을 것이다.

제대로 된 척도, 즉 학술적으로 사용할 수 있는 정확한 척도는 반드시 타당성이 검증되어 있으며, 타당성 검증 프로세스가 논문화되어 있다. 앞서 설명한 두 가지 어둠의 3요소 척도 역시 그 예에서 벗어나지 않는다.

물론 통계 해석 결과에 관한 보고나 전문용어가 상당히 어려운 점도 있지만, 그러한 경우에도 이해할 방법은 있다. 그것은 바로 논문의 결과 부분의 앞부분을 확인해보는 것이다. 여기에는 일반적으로 '이 연구가 무엇을 목적으로 하며, 어떠한 형태로 진행되고, 어떠한 결과가 나타났는지'를 명백히 문장으로 설명한다. 그리고 난 후 논문의 도입부의 이론적 근거나 실시 방법을 확인해봐도 좋다.

자기 내면의 어둠의 3요소 특성을
자각하여 조절할 수 있을까?

앞에서 다룬 척도를 사용하여 자신의 어둠의 3요소 정도를 파악하면, 자각적으로 각각의 퍼스낼리티를 조절할 수 있을까?

조절하지 못하는 것은 아니지만, 상당히 어려울 것이다.

먼저 어둠의 3요소 특징 중 하나로 충동성을 들 수 있다.[6] 이것은 뒷일은 생각하지 않고 행동하는 경향이다. 항상 자기 자신을 객관적으로 보며 의식적으로 자신의 행동을 제어할 수 있다면 상관없지만, 충동성은 그렇게 하기 어려운 특성이다.

따라서 매번 자신의 어둠의 3요소 성향이 높은 것을 의식하거나 자각하여 조절하려고 해도, 자칫 문제 행동을 일으킬만한 상황이 되면 그 다짐은 의식 밖으로 밀려나 정신 차리고 나면 이미 문제 행동을 저지른 상태가 될 수도 있다. 아무리 숨기려 해도 결국은 자기 자신이다. '아, 결국 또 저질러 버렸네' 하고 깨닫는 경우가 많다.

어둠의 3요소 성향이 높은 사람은, 문제 행동을 일으키거나 다

---

[6] 특히 사이코패시가 높은 사람에게 나타나는 특징이지만, 마키아벨리즘이나 나르시시즘이 높은 사람에게 나타나기도 한다(Jonason & Tost, 2010).

른 사람들에게 피해를 줘도 크게 신경 쓰지 않는 경향이 있다는 것은 앞서 서술했다. 그렇다면 자신의 어둠의 3요소 성향이 높다는 것을 자각하게 되었다고 해도, 그것을 조절하려는 마음은 처음부터 아예 생기지 않을지도 모른다.

어쩌면 일상에서 100% 자신을 조절하는 것은 불가능할지 모른다. 하지만 자신이 어둠의 3요소 성향이 높다는 것을 자각하여 그것을 자제하거나 조절하고 싶다는 의지만 있다면, 몇 가지는 조절 가능하다. 즉 '지금까지와 비교했을 때' 조절할 수 있는 부분이 많아진다는 뜻이다.

자신이 어둠의 3요소 성향이 높은 것을 자각하지 못했던 지금까지는, 자신이 왜 충동적으로 행동하거나 문제 행동을 일으키는지 알지 못했다. 또 그로 인해 손해를 보거나 안 좋은 경험을 해왔을지도 모른다.

나 역시 자가 분석으로 어둠의 3요소 성향이 높다는 것을 자각한 후, 그 전과 비교하면 꽤 자기 조절을 하게 되었다. 내면의 어둠의 3요소 경향을 모른다면 무언가를 잘못해서 질책을 받을 때, 어쩔 수 없다고 정색하면서 충동적으로 말대꾸하거나 빈정대며 그 상황을 더욱 최악으로 이끌었을지도 모른다.

자신을 조절하려고 애쓰기보다, 어둠의 3요소 성향이 높다고 해서 불이익이 생기지 않으며, 오히려 효과적인 환경 상황에 놓이게 하면 어떨까? 그러한 환경 상황을 형성해보는 것도 좋지 않을까?

예를 들면 나는 교수로 대학에 근무하고 있으며, 주로 심리학을 가르치고 있다. 지금까지 소개하는 연구 중에는 물론 나 자신의 연구 성과도 포함되어 있으므로, 이른바 합법적으로 나의 연구를 자랑할 수 있는 환경에 있다고 해도 과언이 아니다.[7]

그리고 소수로 구성된 세미나 등에서 실제로 학생들이 심리학 연구를 진행하는데, 감독관이자 관리자로서 학생들의 발표를 바탕으로 제안이나 지도를 한다. 이것은 다르게 말하면 탑다운(top down, 하향식) 지시라고 할 수 있다.[8]

즉 이러한 환경은 어둠의 3요소 성향이 높은 것이 어느 정도는 수용되거나 오히려 추구되기도 한다. 당연히 그렇게 되기 위해서는 대학원까지 진학하여 성과를 보이는 등의 과정을 거칠 필요가 있다. 단독으로 연구를 진행하거나(사이코패시가 높은 사람의 특

---

[7] 자학적으로 썼지만, 당연히 실제로 자랑거나 하지는 않는다. 교육 목적에 비추어 소개하는 연구는 쓸모가 있는 것만 선택하여 어느 부분이 어떻게 포인트가 되는지를 해설한다.

[8] 실제로는 탑다운 방식으로 모든 것을 내가 지시하지 않고, 학생의 흥미·관심에 따라 선택지를 제안한다. 그러면 학생은 나의 제안이나 다른 학생의 제안을 고려하여, 최종적으로는 그 학생 자신이 의사 결정하는 방법으로 진행하고 있다.

징), 발표할 기회가 생길 때 '내 발표를 들어줘요! 대단하죠!'(나르시시즘이 높은 사람의 특징) 하는 마음으로 사람들 앞에서 발표하는 것은 개선의 피드백을 받거나 사람들에게 이름을 남기는 등 긍정적으로 작용한다. 물론 잘못하면 악명을 떨칠 우려도 있지만 말이다.

나의 예시는 특수한 경우일지도 모른다. 하지만 적당하기만 하면, 어둠의 3요소 성향이 높은 것이 불이익을 주지 않는 환경이 없지는 않을 것이다. 스포츠 영역 역시 그러하다. 학교 방면에서는 책임자 역할을 맡기도 하고, 직업에 따라서는 이익을 중시하거나 개인주의 환경에서는 어둠의 3요소 성향이 높아도 삶의 고충을 별로 느끼지 못할 것이다.

어둠의 3요소 경향을 낮추고자 한다면, 제3장처럼 정신질환으로서 진단받아 제대로 된 치료를 받는 것도 생각해볼 수 있다. 하지만 이러한 치료는 환자 측이 낫고자 하는 의지가 있을 때 효과가 발휘된다. 예를 들면 불안증이라고 진단받은 많은 사람(지나친 불안감으로 일상생활이 마음대로 안 되는 사람)은 그것을 고치고자 하는 의지가 있다. 그러므로 의사의 지시에 잘 따르며 치료 또한 잘 진행된다.

반면에 어둠의 3요소 성향이 높은 사람은 처음부터 그것을 낮추고자(치료하고자) 하는 의지가 거의 없다. 따라서 어둠의 3요소 성향이 높은 것에 대한 치료가 얼마나 효과적일지는, 그 사람이 나아지고자 하는 의지를 유지할 수 있느냐에 따라 달라진다.

그리고 인격장애 그 자체를 고치는 것이 아니라 특정 문제 행동(예를 들면 과음이나 지나친 흡연, 약물 사용)을 일으키지 않도록 선별적으로 치료한다는 관점에서 보면 효과가 있을지도 모른다.

어둠의 3요소 특성이 강한 사람은 자신의 성격을 어떻게 인식하고 있을까?

어둠의 3요소 성향이 높은 사람은 자신의 성격에 대해 어떻게 생각하고 있을까?

이에 주목한 연구에 따르면 각 어둠의 3요소는 특유의 방식으로 자신을 인식한다고 한다(Rauthmann, 2012).

사실 이 연구에서는 자기평가뿐만 아니라 무작위로 짝지은 타인평가도 측정되었다. 그리고 자신들이 생각하는 것처럼 타인들은 평가하지 않는다는 것도 동시에 확인되었다. 거기에 각 어둠의 3요소가 자신을 어떻게 인식하고 있는지, 타인에게 어떻게 인식되고 있는지를 〈표 14〉에 정리하였다.

제6장 | 마음속 악마를 길들이는 법

표 14 각 퍼스낼리티의 자기평가와 타인평가

	자기평가	타인평가
마키아벨리안	대체로 부정적으로 인식한다. • 지배성(자기주장이나 우월감)이 낮다 • 배려심이 부족하다 • 사교성이 부족하다 • 지능이 낮다 • 보수적이다(낮은 개방성)	• 지배성이 낮다 • 사교성이 풍부하다 • 보수적이다 (낮은 개방성)
나르시시스트	대체로 긍정적으로 인식한다. • 지배성이 높다 • 사교성이 풍부하다 • 지능이 높다 • 새로운 것을 쉽게 받아들인다(높은 개방성) • 성실하고 야무지다(높은 근면성)	• 솔직하지 않다 (자의식 과잉이다)
사이코패스	긍정적으로 인식하는 부분과 부정적으로 인식하는 부분이 있다. • 지배성이 높다 • 새로운 것을 쉽게 받아들인다(높은 개방성) • 정서적으로 안정되어 있다 (낮은 신경증 경향) • 게으르고 야무지지 못하다(낮은 근면성)	• 지배성이 높다 • 배려심이 부족하다 • 솔직하지 않다 • 게으르고 야무지지 못하다(낮은 근면성)

〈표 14〉를 보면 나르시시즘이 높은 사람은 자신을 긍정적으로, 마키아벨리즘이 높은 사람은 자신을 부정적으로 인식하고 있으며, 사이코패시가 높은 사람은 긍정적·부정적 양면의 요소가 있다고 인식하고 있었다.

그러나 타인이 본 모습에서 마키아벨리안과 사이코패스는 일치했지만, 나르시시스트는 자기 인식과 타인의 인식에 큰 차이가 있는 것으로 드러났다. 즉 나르시시스트는 자신을 원래보다 더 긍정적이라고 인식하고 있으며, 그 인식을 바탕으로 대인관계를 맺고 있다. 그러므로 사람들이 보기에는 '생각보다 대단하지 않은 사람'일 수 있다.

의외로 마키아벨리즘이 높은 사람은 자신이 지배성이 낮다고 인식할지도 모른다. 하지만 지배성이란 자기주장이나 타인에 대한 우월감을 추구하는 경향이며, 현실 방면에서 리더십을 발휘하거나 높은 위치의 직업에 임하고 있는 것 등과는 관계가 없다. 마키아벨리안은 풍요로운 삶을 위해 부나 높은 지위를 추구하며, 수단과 방법을 가리지 않는 특징이 있다. 그래서 자기주장이나 타인에 대해 마운팅을 가하고 싶다고 생각하기보다, 오히려 그러한 사람과의 관계 자체를 귀찮아할지도 모른다.

어둠의 3요소가 낮은 사람도 살아가기 힘들까?

'경쟁사회'의 폐해는 언급하지 않겠지만, 자본주의 사회 속에서

제6장 | 마음속 악마를 길들이는 법

살아가는 이상 많든 적든 그곳에는 경쟁 원리가 작용한다.

그렇게 생각하면 어둠의 3요소 경향이 강한 사람 중에는 경제적으로 성공을 거둔 사람이 있을 것이다. 성공적 사이코패스 예시로서 스티브 잡스를 들었다(→84쪽). 각 어둠의 3요소가 서로 관련이 있는 점을 고려하면, 그 역시 어둠의 3요소 점수가 높게 나왔을지도 모른다. 미국의 도널드 트럼프 대통령도 어둠의 3요소 성향이 높은 인물로서 자주 언급되고 있다(Nai et al., 2019).

반면 어둠의 3요소 경향이 낮은 사람은 착취당하는 입장이 되기 쉬울까? 어둠의 3요소의 중심적 특징은 냉담하고 타인을 조작하려 하며, 자기중심적이라는 것이다. 바꿔 말하면 어둠의 3요소 특성이 약한 사람은 그런 경향이 낮은 사람이다. 즉 사람들을 따뜻하게 대하며, 공감적이고, 타인을 우선시하는 경향이 있는 사람이라고 말할 수 있다.

앞서 설명한 빅 파이브 성격 이론과 관련해서도 어둠의 3요소 경향이 약한 사람의 특징을 짐작할 수 있다. 무엇보다 중요한 포인트는 조화성(이타적이고, 공감적이며, 자신보다도 타인을 우선시하는 경향)이다. 그 외에도 근면성(자신을 제어하며 규칙에 맞춘 생활양식, 성실성)을 들 수 있다.

현대 사회는 어둠의 3요소 성향이 약한 사람이 기본적으로 살아가기 힘든 세상일지도 모른다. 하지만 또한 현대 사회는 대부분 타인과의 관계를 피할 수 없다. 그리고 타인에게 미움받기 쉬운 사람보다는 호감 있는 사람 쪽이 더 많은 이익을 얻을 수 있다. 그것은 직접·간접 물리적 이익인 금전적 도움, 인맥, 신뢰뿐만 아니라 정신적 건강으로도 연결되는 관계성까지 포함한다.

게다가 어둠의 3요소 성향이 낮은 사람은 높은 사람에 비해 범죄에 가담할 가능성이 낮다는 점도, 지금까지의 설명을 보면 쉽게 알 수 있다. 따라서 사회적인 의미, 혹은 적어도 객관적으로는 어둠의 3요소가 낮은 편이 살아가기 수월하다고 말할 수 있다.

하지만 어둠의 3요소 성향이 지나치게 낮으면, 반대로 말해 이타성이 지나치게 높으면, 우선성이 지나치게 다른 사람 쪽으로 치우칠 가능성이 있다. 어둠의 3요소가 극단적으로 낮은 사람이 수월하게 살아가기 위한 핵심은, 이러한 걸 미리 알고 대처하는 것이다.

어둠의 3요소 성향이 높은 사람이 살아가기 힘든 부분에 관해서 설명했듯이 성격을 바꾸는 것은 굉장히 어렵다. 물론 장기적으로 보면 어느 정도 변화시킬 수는 있지만, 성격을 바꾸기로 마음먹었다고 해서 바로 바꿀 수 있는 것이 아니다.

다른 의미로 말이
와전되지 않길 바라며

이 책에서는 기피 대상이 되기도 하고 동경의 대상이 되기도 하는 어둠의 퍼스낼리티라는 것이 실제로는 어떠한 성질이 있는지, 그리고 어떠한 행동 패턴이나 생각을 드러내기 쉬운지에 대해 살펴보았다.

'사이코패스'나 '나르시시스트'라는 말은 다소 대중적인 이미지가 있으며, 하위 문화에서 빈번하게 접하기도 하므로 사람에 따라서는 익숙한 듯 느껴질지도 모른다. 하지만 그 실태를 보고 난 후에는 이미지나 직관과는 다르다는 사실을 깨달은 사람도 많을 것이다.

사실 이러한 학술적인 설명과 일반 사회에서 통용되는 인식의 괴리는 굉장히 중요하며, 특히 연구자로서 정보를 전달할 때 반드시 숙고해야 하는 포인트다.

나가며

 흔히 SNS가 발달했다고들 하지만, 사실은 그렇게 단순하지만은 않다. 인터넷의 등장으로 누구라도 간단히 수많은 정보를 손에 넣게 되었다.

 '니챤네루'(2ch, 일본 최대의 익명 게시판 사이트-옮긴이), 즉 현재의 '고챤네루'(5ch)를 비롯한 각종 익명 사이트들에는 악플도 있지만, 유익한 내용을 포함하여 다양한 정보 교환이 순식간에 이루어져 왔다. 프로필에서는 간단히 개인정보가 게시됐다. '믹씨'(Mixi)라는 커뮤니티에서는 개인을 주제로 보다 깊은 정보가 제공되었다. 페이스북은 원래 개인적 관계를 맺은 사람들끼리의 소통과 공유를 전제로 해왔지만, 현재는 오히려 전체 공개라는 형태로 전 세계 사람들과 정보를 공유하는 도구가 되었다. '니코니코 동영상'을 비롯한 동영상 사이트에서는 셀 수 없을 정도로 많은 사람이 다양한 정보를 올리거나 보고 있다. 스마트폰으로 진화한 후부터는 트위터(현재의 X), 인스타그램, 틱톡을 시작으로 더욱 손쉽게 정보를 교환할 수 있는 환경이 갖춰졌다. 그리고 이 도구들은 극히 일부분이라는 점 역시 매우 놀랍다.

 이러한 정보화 사회에서는 정보를 간단하게 손에 들어오는 대신 그 정보의 진위 확인이나 적절한 판단이 필요하다.

 하지만 특히 심리학 등 눈에 보이지 않는 것을 다루는 영역의 전문용어는 이러한 흐름과 상성이 나쁘다. 본래의 의미와는 다른 의미로 와전되고, 심지어 그것이 급속도로 퍼져 일반화되는 사태가 발생하기도 하며, 결국 차별 용어로 성립한다. 사이코패스, HSP, 멘헤라(정신적으로 문제가 있는 사람을 뜻하는 일본 속어-옮긴이), 조현병, 지쇼(지적장애를 뜻하는 일본 속어-옮긴이) 등의 용어들 역시 많은 사람이 떠올리는 것과는 그 의미가 다르다(이 책에서도 사이코패스와 HSP에 대해 다뤘다).

사실 이 책의 기획 제안을 받았을 때, 수락할지 말지 꽤 고민했다. 왜냐하면 오해, 즉 학술적인 견해가 과장되거나 전문용어가 부적절하게 사용될 가능성을 염려했기 때문이다.

하지만 연구자가 밝혀낸 사실이, 학술계라는 폐쇄된 범위에서만 통용된다면 그것은 그것대로 연구의 의미를 묻는 큰 문제가 된다. 어떠한 형태로든 '정확한' 전문용어와 그것과 관련된 정보를 소개하고 일반 사회의 사람들이 훨씬 풍요로워질 가능성의 하나로서 공개할 필요가 있다. 따라서 연구자로서의 기술을 일반 도서로서 알기 쉬운 형태로 구성·편집하여 학술과 일반 사회와의 가교가 되길 바라는 마음에서 집필을 결심했다.

그래서 머리말 부분에도 썼지만, 선악이나 '○○해야 한다'라는 식으로 언급하기보다는 사실과 시점을 전달하는 것에 주력했다.

나가며

어둠의 3요소라고 하는 퍼스낼리티가 다양한 개인 특징 중 하나이며, 그 이상 그 이하도 아닌, 그저 특징적인 행동 패턴을 일으키는 마음의 작용이라는 것을 조금이라도 알아주길 바란다.

제 1 장

Paulhus, D. L. (2014). Toward a taxonomy of dark personalities. Current Directions in Psychological Science, 23(6), 421-426.

Paulhus, D. L., & Williams, K. M. (2002). The dark triad of personality: Narcissism, Machiavellianism, and psychopathy. Journal of research in personality, 36(6), 556-563.

Miller, J. D., Hyatt, C. S., Maples-Keller, J. L., Carter, N. T., & Lynam, D. R. (2017). Psychopathy and Machiavellianism: A distinction without a difference?. Journal of personality, 85(4), 439-453.

Rauthmann, J. F., & Kolar, G. P. (2013). The perceived attractiveness and traits of the Dark Triad: Narcissists are perceived as hot, Machiavellians and psychopaths not. Personality and Individual Differences, 54, 582-586.

Hare, R. D. (1980). A research scale for the assessment of psychopathy in criminal populations. Personality and individual differences, 1(2), 111-119.

Vernon, P. A., Villani, V. C., Vickers, L. C., & Harris, J. A. (2008). A behavioral genetic investigation of the Dark Triad and the Big 5. Personality and individual Differences, 44(2), 445-452.

Veselka, L., Schermer, J. A., & Vernon, P. A. (2011). Beyond the big five: The dark triad and the supernumerary personality inventory. Twin Research and Human Genetics, 14(2), 158-168.

제 2 장

Hirschi, A., & Jaensch, V. K. (2015). Narcissism and career success: Occupational self-efficacy and career engagement as mediators.

Personality and Individual Differences, 77, 205-208.

Campbell, W. K., Hoffman, B. J., Campbell, S. M., & Marchisio, G. (2011). Narcissism in organizational contexts. Human resource management review, 21(4), 268-284.

Dalton, D., & Radtke, R. R. (2013). The joint effects of Machiavellianism and ethical environment on whistle-blowing. Journal of business ethics, 117, 153-172.

Bereczkei, T., Birkas, B., & Kerekes, Z. (2010). The presence of others, prosocial traits, machiavellianism. Social Psychology.

Jonason, P. K., Slomski, S., & Partyka, J. (2012). The Dark Triad at work: How toxic employees get their way. Personality and individual differences, 52(3), 449-453.

Jones, D. N., & Mueller, S. M. (2021). Is Machiavellianism dead or dormant? The perils of researching a secretive construct. Journal of Business Ethics, 1-15.

Dahling, J. J., Whitaker, B. G., & Levy, P. E. (2009). The development and validation of a new Machiavellianism scale. Journal of management, 35(2), 219-257.

Spurk, D., Keller, A. C., & Hirschi, A. (2016). Do bad guys get ahead or fall behind? Relationships of the dark triad of personality with objective and subjective career success. Social psychological and personality science, 7(2), 113-121.

González-Hernández, J., Cuevas-Campos, R., Tovar-Gálvez, M. I., & Melguizo-Rodríguez, L. (2020). Why negative or positive, if it makes me win? Dark personality in Spanish competitive athletes. International journal of environmental research and public health, 17(10), 3504.

Vaughan, R. S., & Madigan, D. J. (2021). The winner takes it all: The mediating role of competitive orientations in the Dark Triad and sport task performance relationship. European Journal of Sport Science, 21(8), 1183-1192.

Babiak, P., Neumann, C. S., & Hare, R. D. (2010). Corporate psychopathy: Talking the walk. Behavioral sciences & the law, 28(2), 174-193.

Quow, K. L. (2013). An introspective analysis of the etiological relationships of psychopathy in serial killers and successful business men. Modern Psychological Studies, 19(1), 9.

Eisenbarth, H., Hart, C. M., & Sedikides, C. (2018). Do psychopathic traits predict professional success? Journal of Economic Psychology, 64, 130-139.

Lilienfeld, S. O., Latzman, R. D., Watts, A. L., Smith, S. F., & Dutton, K. (2014). Correlates of psychopathic personality traits in everyday life: Results from a large community survey. Frontiers in psychology, 5, 740.

Lilienfeld, S. O., Waldman, I. D., Landfield, K., Watts, A. L., Rubenzer, S., & Faschingbauer, T. R. (2012). Fearless dominance and the US presidency: implications of psychopathic personality traits for successful and unsuccessful political leadership. Journal of personality and social psychology, 103(3), 489-505.

Smith, S. F., Lilienfeld, S. O., Coffey, K., & Dabbs, J. M. (2013). Are psychopaths and heroes twigs off the same branch? Evidence from college, community, and presidential samples. Journal of Research in Personality, 47(5), 634-646.

Rauthmann, J. F., & Kolar, G. P. (2013). Positioning the Dark Triad in the interpersonal circumplex: The friendly-dominant narcissist, hostile-submissive Machiavellian, and hostile-dominant psychopath?. Personality and individual differences, 54(5), 622-627.

橋本泰央・小塩真司 (2016). 対人円環モデルに基づいた IPIP-IPC-J の作成 . 心理学研究 , 87(4), 395-404.

Jonason, P. K., & Fletcher, S. A. (2018). Agentic and communal behavioral biases in the Dark Triad traits. Personality and Individual Differences, 130, 76-82.

Jauk, E., Neubauer, A. C., Mairunteregger, T., Pemp, S., Sieber, K. P., & Rauthmann, J. F. (2016). How Alluring Are Dark Personalities? The Dark Triad and Attractiveness in Speed Dating. European Journal of Personality.

Holtzman, N. S., & Strube, M. J. (2013). People with dark personalities tend to create a physically attractive veneer. Social Psychological and Personality Science, 4, 461-467.

Rauthmann, J. F., Kappes, M., & Lanzinger, J. (2014). Shrouded in the Veil of Darkness: Machiavellians but not narcissists and psychopaths profit from darker weather in courtship. Personality and Individual Differences, 67, 57-63.

제3장

Christoffersen, D., & Stamp, C. (1995). Examining the relationship between Machiavellianism and paranoia. Psychological reports, 76(1), 67-70.

O'Boyle, E. H., Forsyth, D., Banks, G. C., & Story, P. A. (2013). A meta-analytic review of the Dark Triad–intelligence connection. Journal of Research in Personality, 47(6), 789-794.

Michels, M. (2021). General Intelligence and the Dark Triad. Journal of Individual Differences.

Kowalski, C. M., Kwiatkowska, K., Kwiatkowska, M. M., Ponikiewska, K., Rogoza, R., & Schermer, J. A. (2018). The Dark Triad traits and intelligence: Machiavellians are bright, and narcissists and psychopaths are ordinary. Personality and Individual Differences, 135, 1-6.

Miao, C., Humphrey, R. H., Qian, S., & Pollack, J. M. (2019). The relationship between emotional intelligence and the dark triad personality traits: A meta-analytic review. Journal of Research in Personality, 78, 189-197.

Walker, S. A., Double, K. S., & Birney, D. P. (2021). The complicated relationship between the dark triad and emotional intelligence: A systematic review. Emotion Review, 13(3), 257-274.

Aluja, A., Garcia, L. F., Rossier, J., Ostendorf, F., Glicksohn, J., Oumar, B., ... & Hansenne, M. (2022). Dark triad traits, social position, and personality: a cross-cultural study. Journal of Cross-Cultural Psychology, 53(3-4), 380-402.

Jonason, P. K., Valentine, K. A., Li, N. P., & Harbeson, C. L.. (2011). Mate-selection and the Dark Triad: Facilitating a short-term mating strategy and creating a volatile environment. Personality and Individual Differences, 51, 759-763.

Brewer, G., Hunt, D., James, G., & Abell, L. (2015). Dark Triad traits, infidelity and romantic revenge. Personality and Individual Differences, 83, 122-127.

Jones, D. N., & Weiser, D. A. (2014). Differential infidelity patterns among the Dark Triad. Personality and Individual Differences, 57, 20-24.

Kardum, I., Hudek-Knezevic, J., Schmitt, D. P., & Grundler, P. (2015). Personality and mate poaching experiences. Personality and Individual Differences, 75, 7-12.

Jonason, P. K., Li, N. P., Buss, D. M. (2010). The costs and benefits of the dark triad: Implications for mate poaching and mate retention tactics. Personality and Individual Differences, 48, 373-378.

Jonason, P. K., Lyons, M., & Blanchard, A. (2015). Birds of a "bad" feather flock together: The Dark Triad and mate choice. Personality and Individual Differences, 78, 34-38.

Barelds, D. P., Dijkstra, P., Groothof, H. A., & Pastoor, C. D. (2017). The Dark Triad and three types of jealousy: Its' relations among heterosexuals and homosexuals involved in a romantic relationship. Personality and Individual Differences, 116, 6-10.

Beckett, N., & Longpré, N. (2024). The dark tetrad in relationships: sexual coaxing, sexual coercion and rape myth acceptance. Journal of Sexual Aggression, 1-18.

Galán, M., Pineda, D., Rico-Bordera, P., Martínez-Martínez, A., & Piqueras, J. A. (2024). The influence of dark personality and pornography on sexual aggression beliefs. Frontiers in Psychology, 15, 1471438.

Jonason, P. K., Girgis, M., & Milne-Home, J. (2017). The exploitive mating strategy of the Dark Triad traits: Tests of rape-enabling attitudes. Archives of sexual behavior, 46, 697-706.

Kiire, S. (2017). Psychopathy rather than Machiavellianism or narcissism facilitates intimate partner violence via fast life strategy. Personality and Individual Differences, 104, 401-406.

Gunnoo, A., Jackson, M., & Saling, L. L. (2024). The dark triad, dating app use and online disinhibition positively predict technology-facilitated sexual violence perpetration. Journal of Criminology, 26338076241254844.

Mekenkamp, D. J. B., Kleijn, M., & Weller, J.(2020). The influence of Psychopathy, Narcissism and Sociosexuality on Sex and Violent Offenders.

참고 · 인용 문헌

Balcioglu, Y. H., Dogan, M., Incı, I., Tabo, A., & Solmaz, M. (2024). Understanding the dark side of personality in sex offenders considering the level of sexual violence. Psychiatry, psychology and law, 31(2), 254-273.

Baughman, H. M., Jonason, P. K., Veselka, L., & Vernon, P. A. (2014). Four shades of sexual fantasies linked to the Dark Triad. Personality and Individual Differences, 67, 47-51.

Jonason, P. K., & Tost, J. (2010). I just cannot control myself: The Dark Triad and self-control. Personality and Individual Differences, 49(6), 611-615.

Kiire, S. (2019). A "fast" life history strategy affects intimate partner violence through the Dark Triad and mate retention behavior. Personality and Individual Differences, 140, 46-51.

Kiire, S. (2020). Structure of the Mini-kj and its utility for measuring fast life history traits in Japanese undergraduate students. Evolutionary Psychology, 18(1), 1474704919900633.

Moroń, M., Kajdzik, M., & Janik, K. (2024). Signaling high sensitivity: The roles of sensory processing sensitivity, assertiveness, and the dark triad. Journal of Pacific Rim Psychology, 18, 18344909241266759.

Ok, E., Qian, Y., Strejcek, B., & Aquino, K. (2021). Signaling virtuous victimhood as indicators of Dark Triad personalities. Journal of personality and social psychology, 120(6), 1634.

제 4 장

Connolly, P. H. (2006). Psychological functioning of bondage/domination/sado-masochism (BDSM) practitioners. Journal of Psychology & Human Sexuality, 18(1), 79-120.

Buckels, E. E., Trapnell, P. D., & Paulhus, D. L. (2014). Trolls just want to have fun. Personality and individual Differences, 67, 97-102.

Fernández-del-Río, E., Ramos-Villagrasa, P. J., & Escartín, J. (2021). The incremental effect of Dark personality over the Big Five in workplace bullying: Evidence from perpetrators and targets. Personality and individual differences, 168, 110291.

Russell, M. (2019). A functional perspective on everyday sadism.

Buckels, E. E., Jones, D. N., & Paulhus, D. L. (2013). Behavioral confirmation of everyday sadism. Psychological science, 24(11), 2201-2209.

下司忠大・陶山智・小塩真司・大束忠司. (2019). サディズムとスポーツにおける競技成績との関連——駆け引き上手を媒介変数として. パーソナリティ研究, 27(3), 263-265.

Greitemeyer, T. (2022). Dark personalities and general masochistic tendencies: Their relationships to giving and receiving sexualized pain. Acta psychologica, 230, 103715.

Moshagen, M., Hilbig, B. E., & Zettler, I. (2018). The dark core of personality. Psychological review, 125(5), 656.

Marcus, D. K., & Zeigler-Hill, V. (2015). A big tent of dark personality traits. Social and Personality Psychology Compass, 9(8), 434-446.

Jonason, P. K., Zeigler-Hill, V., & Okan, C. (2017). Good v. evil: Predicting sinning with dark personality traits and moral foundations. Personality and individual Differences, 104, 180-185.

Osumi, T., & Ohira, H. (2010). The positive side of psychopathy: Emotional detachment in psychopathy and rational decision-making in the ultimatum game. Personality and individual differences, 49(5), 451-456.

제 5 장

Sanecka, E. (2017). The dark side of social media: Associations between the Dark Triad of personality, self-disclosure online and selfie-related behaviours. The Journal of Education, Culture, and Society, 8(2), 71-88.

Moor, L., & Anderson, J. R. (2019). A systematic literature review of the relationship between dark personality traits and antisocial online behaviours. Personality and individual differences, 144, 40-55.

Baughman, H. M., Jonason, P. K., Lyons, M., & Vernon, P. A. (2014). Liar liar pants on fire: Cheater strategies linked to the Dark Triad. Personality and Individual Differences, 71, 35-38.

Wright, G. R., Berry, C. J., Catmur, C., & Bird, G. (2015). Good liars are neither 'dark' nor self-deceptive. PloS one, 10(6), e0127315.

Jonason, P. K., Lyons, M., Baughman, H. M., & Vernon, P. A. (2014). What a tangled web we weave: The Dark Triad traits and deception. Personality

and Individual Differences, 70, 117-119.
Roeser, K., McGregor, V. E., Stegmaier, S., Mathew, J., Kübler, A., & Meule, A. (2016). The Dark Triad of personality and unethical behavior at different times of day. Personality and Individual Differences, 88, 73-77.
Baughman, H. M., Dearing, S., Giammarco, E., & Vernon, P. A. (2012). Relationships between bullying behaviours and the Dark Triad: A study with adults. Personality and Individual Differences, 52(5), 571-575.
Dåderman, A. M., & Ragnestål-Impola, C. (2019). Workplace bullies, not their victims, score high on the Dark Triad and Extraversion, and low on Agreeableness and Honesty-Humility. Heliyon, 5(10).
Fernández-del-Río, E., Ramos-Villagrasa, P. J., & Barrada, J. R. (2020). Bad guys perform better? The incremental predictive validity of the Dark Tetrad over Big Five and Honesty-Humility. Personality and Individual Differences, 154, 109700.
Tam, H. L., & Ha, N. M. (2023). The Impact of Employee's Dark-Triad traits on Workplace Bullying: A study in Viet Nam.
木川智美・今城周造 (2022). 日常生活における他者操作方略が操作者自身に及ぼす影響―年長者も含めた検討―. 昭和女子大学生活心理研究所紀要 , 24, 51-62.
Fontanesi, L., Marchetti, D., Cosi, G., Facchino, A. P., & Verrocchio, M. C. (2024). Dark personality and emotional abuse in intimate relationships: the role of gender, jealousy and attitude for violence. RASSEGNA ITALIANA DI CRIMINOLOGIA, (1), 049-058.
Douglass, M. D., Stirrat, M., Koehn, M. A., & Vaughan, R. S. (2023). The relationship between the Dark Triad and attitudes towards feminism. Personality and Individual Differences, 200, 111889.
Pineda, D., Galán, M., Piqueras, J. A., & Jonason, P. K. (2024). Four Routes to Being an Unwanted as a Mate the Dark Tetrad Traits, Self-Esteem, Misogyny, and Sex Differences. Self-Esteem, Misogyny, and Sex Differences.
Navas, M. P., Maneiro, L., Cutrín, O., Gómez-Fraguela, J. A., & Sobral, J. (2022). Sexism, moral disengagement, and dark triad traits on perpetrators of sexual violence against women and community men. Sexual Abuse, 34(7), 857-884.

Brewer, G., Lyons, M., Perry, A., & O'Brien, F. (2021). Dark triad traits and perceptions of sexual harassment. Journal of Interpersonal Violence, 36(13-14), NP7373-NP7387.

Porter, S., Bhanwer, A., Woodworth, M., & Black, P. J. (2014). Soldiers of misfortune: An examination of the Dark Triad and the experience of schadenfreude. Personality and Individual Differences, 67, 64-68.

Jonason, P. K., Wee, S., Li, N. P., & Jackson, C. (2014). Occupational niches and the Dark Triad traits. Personality and Individual Differences, 69, 119-123.

Kowalski, C. M., Vernon, P. A., & Schermer, J. A. (2017). Vocational interests and dark personality: Are there dark career choices?. Personality and individual differences, 104, 43-47.

Kijak, M. (2016). Investigating the Dark Triad in relation to rareer choices, job satisfaction and career suitability.

Vedel, A., & Thomsen, D. K. (2017). The Dark Triad across academic majors. Personality and Individual Differences, 116, 86-91.

Kalestan, Z. J., Salahiyan, A., & Nasrollahi, B. (2024). Modeling Dark Personality Traits Based on Childhood Traumas with the Mediation of Guilt, Anxiety, and Depression. Journal of Adolescent and Youth Psychological Studies (JAYPS), 5(3), 83-90.

Merlușcă, B. I., & Chiracu, A. (2018). The role of adverse childhood experiences, self control and Dark Triad in the development of criminal behaviour. Correlative and differential aspects. Studia Doctoralia, 9(1), 18-37.

Taylor, E. K. (2021). The influence of childhood adversity, resiliency, and attachment on dark triad traits (Doctoral dissertation, Faculty of Arts, University of Regina).

Jonason, P. K., Lyons, M., & Bethell, E. (2014). The making of Darth Vader: Parent–child care and the Dark Triad. Personality and individual differences, 67, 30-34.

Jonason, P. K., Icho, A., & Ireland, K. (2016). Resources, harshness, and unpredictability: The socioeconomic conditions associated with the Dark Triad traits. Evolutionary Psychology, 14(1), 1474704915623699.

Xu, X., Kwan, H. K., Wei, F., & Wang, Y. (2024). Who is likely to be ostracized? The easy target is the Dark Triad. Asia Pacific Journal of Management, 1-28.

제6장

田村紋女・小塩真司・田中圭介・増井啓太. (2015). 日本語版 Dark Triad Dirty Dozen (DTDD-J) 作成の試み. パーソナリティ研究, 24(1), 26-37.

下司忠大・小塩真司. (2017). 日本語版 Short Dark Triad (SD3-J) の作成. パーソナリティ研究, 26(1), 12-22.

Rauthmann, J. F. (2012). The Dark Triad and interpersonal perception: Similarities and differences in the social consequences of narcissism, Machiavellianism, and psychopathy. Social Psychological and Personality Science, 3(4), 487-496.

Nai, A., Martínez i Coma, F., & Maier, J. (2019). Donald Trump, populism, and the age of extremes: Comparing the personality traits and campaigning styles of Trump and other leaders worldwide. Presidential Studies Quarterly, 49(3), 609-643.